重度痴呆のお年寄りの レクリエーション援助

◆■◆ 痴呆の人も幸せに ◆■◆

田中和代著

黎明書房

はじめに

　これまでは，お年寄り向けレクリエーション（以下略してレク）は，一般向けのゲームのルールや道具を変えるなどして行ってきました。しかし，重度痴呆の場合は，たとえ少し変えてみても，トイレなどの手がかかるためレクの対象者からはずされたり，また参加できても楽しめませんでした。つまり問題行動のある人は「手が掛かるし，どうせゲームが理解できないのだからレクからはずすのも仕方ない」ということだったのです。こんな人は「仕方ない」と放っておくしかないのでしょうか。いいえ放っておいていいはずはありません。重度痴呆の人も，問題行動のある人も楽しく幸せな時間を持ってもいいはずです。

　従来，高齢者介護分野でのレク援助は，介護そのものと比較してあまり重要なものとされていませんでした。しかし痴呆のある高齢者にとってレク援助は，他の援助技術に劣らないほどの大きな意味があります。

　この本では，今までレクを楽しめなかった人への援助について述べます。この本を読み，ヒントを得て，今までの枠にとらわれない考え方で，あなたなりに実践していってください。そしてご自分の経験を周りに広めていただきたいのです。より多くの痴呆の人が幸せなときを持てるようになることを望みます。

　前半は，レクについての基本的な考え方を述べます。後半は，具体的なレクの技術を述べ，また6名の実践例を載せました。ここには従来の方法では幸せ感を感ずることができなかった痴呆の高齢者へのレク援助の方法を具体的に述べてあります。レクは従来の形にこだわらなくていいんだということをわかってもらいたいのです。

　現在，痴呆の原因や診断などについて研究者の間でも一致していない点もあり，痴呆の原因や診断名など詳しく述べることは避けました。しかし実践例の痴呆の方の状態について記述をしてありますので，それで痴呆の人の程度を十分に理解できると考えます。

　またこの本は，看護やリハビリテーションなどの専門家だけでなく，無資格の人やボランティアの人，そして家庭で介護をしている御家族の皆さんにもわかりやすいように，専門用語はなるべく使用しないようにし，使用するときは＊印を付け，そのつど説明をしました。

　この本に書かれているように重度痴呆の人のことを尊重した接遇をすることで，お年寄りへの理解が深まったり，その人の意外な面を見つけたりして，やがて心からお年寄りへの尊敬の念と愛情が生まれることと思います。

　2000年1月

　　　　　　　　　　　　　　　　　　　　　　　　　　　　　　　　　田　中　和　代

目　次

はじめに　1

I　基本的な考え方　……………………………………………5

1　レク援助とは「幸せを感じること」を助けること　5

2　重度痴呆の人とは　5

1　重度痴呆とはどんな状態か　5
2　問題行動とは　6
3　重度痴呆の人ほどレク援助が必要　9

3　本当に必要な援助　10

1　レクの専門スタッフなら必要なレク援助ができるか　10
2　レクの専門スタッフだけがレク援助をする問題点　10
　①　専門スタッフはレク対象者の生活の一部しか見られない　10
　②　専門スタッフの援助は選ばれた人だけになりやすい　11
　③　個人に対応した援助がしにくい　11

4　本当に必要なレク援助　12

1　その人をよく知ることが援助の始まり　12
2　大きな施設でレク専門スタッフが少ないときは　13
3　レクの専門スタッフも介護の経験を　14

5　その人を幸せにするのがレク援助　14

1　治療法（セラピー）としてのレク　14
2　レクで重度痴呆は治るのか　15
3　治療的なレクの効果　15
4　「治療」よりも「幸せ感」を目的にして　15
5　豊かな生活の一部である豊かなレクであることが大切　16

6　「幸せ感」を目的にレクの実施を　17
　　7　喜び楽しめば脳の働きが活発になる　18
　　8　多彩になっているレク援助の分野　19

II　具体的な援助技術　21

1　レク援助の方法　21
　1　援助を決める手順　21
　　① その人についての情報を集める　21
　　② レク実施側の条件を考える　22
　　③ その人が必要としている援助内容を決める　23
　　④ 実施する　25
　　⑤ 援助内容がその人にあったものか評価し，見極める　25
　2　記録をつける　25

2　レク援助の種類と方法　30
　1　回想法　30
　　① 回想法とは　30
　　② 回想の手助けになる大道具小道具　31
　　③ 回想用ファイル　32
　　④ 回想法実施時の技法　32
　　⑤ ヒアリングの練習も必要　35
　　⑥ ちょっとした時間にも話を聞くときの「3つの注意点」を使って　35
　　⑦ 集団での回想法の実践例　36
　2　音楽を用いたレク　39
　　① 人数　40
　　② どんな歌をどのように歌ったらよいのか　41
　3　体操・身体を動かすレク　42
　　① 風船バレーボール　42
　　② 風船バレーボールの応用　43
　4　パネルシアター・紙芝居　45
　　① 紙芝居　45
　　② パネルシアター　45
　5　いろいろな技法を用いた実践例　48

例1　歌を歌いながらちょっとした回想をする場面　48
　　　例2　ちょっとした回想をしながら歌を歌う場面　49
　　　例3　歌いながら体を動かす実践例　49
　　6　初心者でもできるパターンでのレク　51
　　　①　痴呆の人は変わったことよりも，同じことの繰り返しの方が安心する　51
　　　②　パターンによるレクプログラム　52

III　個に応じた援助実践例　…………………………………… 54

　　実践例1　厳格に育ったYさんは，回想法で現役時代を生きているように　56
　　実践例2　無気力，無表情のBさんは，「昔とった杵柄」の手仕事で　58
　　実践例3　暴力的なRさんには尊敬が伝わる接し方で　61
　　実践例4　最重度のSさん，残された五感に訴えて　65
　　実践例5　全てに無関心な知的障害者のKさんには大好きなタバコを　68
　　実践例6　不安が強く騒がしいDさんにはスキンシップで　71

IV　寝たきりの人へのレク援助　…………………………………… 74

　　1　車イスで過ごす時間を増やすこと　74
　　2　集団レクの中に一緒に参加してもらう　75
　　3　わかっているつもりで話しかける　75
　　4　身体を刺激する　75
　　5　音楽を聴いてもらう　76
　　6　嗅覚を刺激する　76

　参考文献　78
　あとがき　79

Ⅰ 基本的な考え方

1 レク援助とは「幸せを感じること」を助けること

　レク（レクリエーションの略）は本来「楽しみや心地よい感覚を持つこと」を目的に行うものです。スポーツ，ダンス，ゲーム，歌などをすることで，1人でまたは仲間と楽しい時間を持つことであるといえます。では，お年寄り，特に重度痴呆の人のレクはどう考えたらよいのでしょうか。

　このような人たちのレクの目的も若い人たちのレクと変わりはありません。「楽しみや心地よい感覚を持つこと」を目的と考えればよいと思います。私はこれを「幸せ感を持つ」と呼んでいます。重度痴呆の人の反応は若い人などとは違い，言葉で返ってこないことも多いのですが，「ニッコリする」とか「やわらぐ」などの表情で判断することができます。いつもと違い，うれしそうに反応しているのを見ると，援助している者も幸せな気持ちになれます。福祉分野でのレク援助は，その笑顔やすらかな表情を報酬として行うものであるといえるかもしれません。

　または，ほとんど表情の変化が見られないような場合もあります。しかしそういう人も，時間の経過と共にリラックスした表情になったり，また，まったく反応がない場合もあります。笑顔などを作る能力がない寝たきりの人などもいます。そういう場合は，その人の立場になり，気持ちになり「こうするともしかしたらうれしいかもしれないな」と推察しながら実施してください。

2 重度痴呆の人とは

1 重度痴呆とはどんな状態か

　重度痴呆とはどのような状態なのでしょうか。痴呆症の人を治す「脳リハビリ」の医療で実績を上げている浜松医療センターの金子満雄医師の痴呆の分類を参考に重度の痴呆とはどのような状態の人をいうのか，見てみましょう。金子氏はボケを小ボケ（軽度痴呆），中ボケ（中度痴呆），大ボケ（重度痴呆）と3段階に分けています。

＜金子氏による重度痴呆の状態＞

重度痴呆とは，基本的な脳機能が4歳児のレベルまで下がった状態です。さらに悪化し，3歳児相当，2歳児相当と進み，ついで1歳児相当のよちよち歩きから，ハイハイの生活へと低下していきます。

＜金子氏による重度痴呆の判定＞

次の①から⑩へ向かって低下していき，この中の3つがあれば重度痴呆と判定できます。
① 同居の家族の名前や関係がわからなくなる。
② 服の着方がいい加減になる（服を1人で着られない）。
③ 汚れた下着を平気でそのまま着る。
④ 以前はよく入浴していたが，風呂をいやがるようになった。
⑤ 食事をしたのに，食べたことをすぐ忘れる。
⑥ しばしば自宅の方向がわからなくなる。
⑦ 家庭生活（入浴，食事，排便など）に介助が必要である。
⑧ ひとりごとや，同じ言葉のくり返しが多い。
⑨ だれもいないのに「人がいる」といったりする。
⑩ 大・小便を失敗することがあり，あとの処置がうまくできなかったりする。

そして，金子氏は治る痴呆の程度を軽度痴呆と中度痴呆までとしています。つまり，金子氏はこの本で扱うような重度痴呆は「完全に元に戻るのは難しい」としているのです。

2 問題行動とは

前項で重度痴呆とはどのようなものであるかふれました。では次に「問題行動」とはどのようなものでしょうか。私たちはどのような症状を問題行動と呼んでいるのでしょうか。まず痴呆の中心となる症状は，物忘れからなる一連の知的能力の低下で記憶障害，見当識障害[*]，判断力低下といわれているものです。それに伴って現れる随伴症状といわれるものには徘徊[*]，過食，異食[*]，睡眠障害[*]，不潔行為，攻撃的行動，性的異常行動，仮性作業，夜間せん妄[*]，妄想[*]，幻覚，錯覚[*]，作話，不安，焦燥，抑うつ[*]，意欲低下，失禁などがあります。こうしてみると，私たちが問題行動と呼んでいる多くはこの随伴症状のようですね（図1，2）。

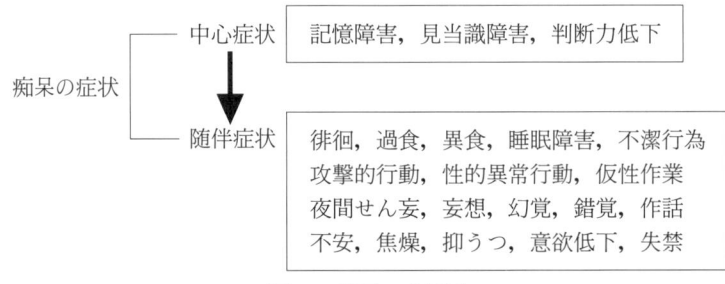

図1 痴呆の症状(1)

I 基本的な考え方

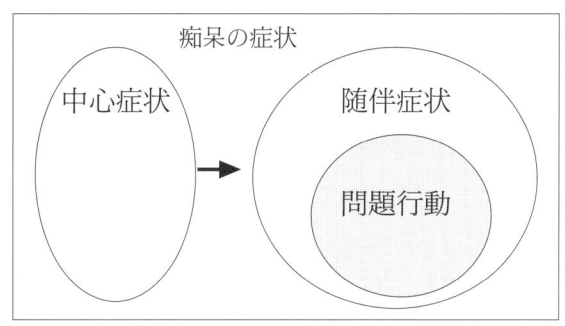

図2　痴呆の症状(2)

　問題行動をもっと具体的にあげると，例えば，不安が強く，ちょっとしたことで泣いたり，子どものようにわがままをいったり，奇声を発して騒がしかったりということがあります。施設中が騒がしくなりほかのお年寄りも大変迷惑しているようで，騒いでいる人が小突かれたりすることもあります。また，別の問題行動に，攻撃的な態度というのがあります。つねったり，叩いたり，羽交い締めにするのです。施設の備品や建物を破壊したりすることもあります。目の前でテーブルなどが壊されそうになるのですからだまって見ていられませんね。また，おむつに手をつっこみ，便を取り出して，壁に塗りつけたりすること，トイレットペーパーに限らず何でもトイレに捨ててトイレを詰まらせるということもあります。

　私たちはこのような行動を「問題行動」と呼び，その人を「困った人」としています。しかしこのことをもう一度よく考えてみましょう。それはだれにとって問題なのかということです。お年寄り自身が問題であると感じているのではなく，介護側が「困った，問題だ，治さなくては」と感じている行動なのです。

　例えばちょっとしたことで泣いたり騒いだりするのは，本人には「悲しくて泣き叫んでいる」ことですし，机をひっくり返したり，壁をスリッパで打ちつけたりすることは，本人は「仕事をしている」つもりなのかもしれません。おむつを替えようとすると（または入浴させようとすると），突然攻撃してくるのはどうしてでしょうか。痴呆の人の立場に立って想像してみると，「気持ちよく寝ていたら，突然知らない人に襲われそうになったので，抵抗した」だけなのかもしれません。また，便をいじったりする不潔行為も，介護する人にとってはたまらない行為です。しかし，排便の感覚がなかったり，排せつに手間取って失禁してしまったときに，知覚障害で便の臭いがわからない，便が不潔という認識がないと，便をして「股のところが気持ち悪いな」と思い，取り除こうとしているだけなのかもしれません。

　"問題行動"は，安全な環境が整えば，非問題行動になるかもしれない行動なのです。ですから「この人は問題行動がある」などと決めつけずに，その人が「なぜそれをしているのか」ということを考えながら接していただきたいものです。その人の行動の意図が理解できるようになると，今までむやみに怒ったりしていたのがあまり気にならなくなったり，その人への愛着がわいたりして，優しく接することができるようになったりするのです。

●代表的な痴呆の症状の説明

*見当識障害（けんとうしきしょうがい）

自分が今，どんな状況にいるかということがわからなくなる状態。自分と家族の関係，自分が誰か，今が何月何日なのか，どこにいるのかなどがわからなくなること。

*記憶障害

生理的原因や精神的原因により事物の名前を覚えることやそれを保持しておくこと，思い出すことなど，記憶機能の働きが減退，消失した状態をいう。

*徘徊（はいかい）

訳もなく歩き回っているように見える状態。原因は，欲求不満が考えられる場合，幻覚や妄想によりどこかに行こうとして歩き回る場合，不安やあせり感などが考えられる。また，これといった原因がなく，アルツハイマー型老年痴呆の症状であることもある。

*アルツハイマー型老年痴呆

ドイツのアルツハイマーが最初に報告したもので，50歳前後に痴呆を発症するもの。痴呆は徐々に進行し，最後に中心溝にたどり着く。その中心溝は手足，顔の表情を支配しているので，中心溝まで侵されると，身体を動かすことができなくなり，必然的に寝たきりになる。

*異食

普通食物とされていないものを好んで食べることをいう。異常な食行動の1つで，例えば紙くず，入れ歯，土，ゴミ，便などを口に入れる。

*失禁（しっきん）

排尿排便の調節ができないこと。

*せん妄

意識障害の1種。意識がわからなくなったり，幻覚，錯覚，不安，不穏，興奮などを示す症状のこと。アルコール依存症や痴呆の人に多く現れる。

*妄想（もうそう）

現実と合わない誤った考え方で，本人が強く確信し，決して訂正しないものを妄想という。

*幻覚

何も外からの刺激がないのに，あたかもあったように知覚されること。

*作話

実際にないことを，自分がいかにも経験したように話すこと。話す内容もその場によって容易に変わってくる。老年痴呆では，物忘れにより起こるつじつまの合わないことを埋めようとして作り話をする。

*抑うつ

気分が落ち込み，元気がなくなり，何をするのもおっくうになり，生きているのが嫌になったり，生きているのが虚しいといった気分で，死を望むようになること。この状態は1日の中で変化する。身体の症状は，眠れない，頭が痛い，体重が減る，疲労感がある，食欲がない，

便秘，頻尿，発汗などが伴うことがある。

＊**睡眠障害**

眠れなかったり，眠っても浅い眠りしかできなくなったり，途中で目が覚めたりすること。

＊**感情失禁**

泣くほどのこともないような昔話などにも，感情がこみ上げてきて，その感情をコントロールできず，涙ぐみ話ができなくなるような状態。反対にちょっとしたことで怒ったり，笑ったりもする。似たようなものに反射がある。反射は話しかけると泣き出したり笑い出したりするが，悲しいとかおかしいとかの感情はないものをいう。

＊**不安**

特別はっきりした原因があるわけでなくても漠然とした恐れの感情状態。動悸，冷汗，ふるえなどの自律神経症状*を伴う。いくらかは誰にでも見られるものであるが，過度の不安が状況にかかわらず繰り返し現れると病的なものとされる。

＊**自律神経症状**

交感神経と副交感神経を自律神経というが，自律神経の影響による症状をいう。口が渇いたり，口内乾燥症，頻脈，鼻閉，便秘，排尿障害，発汗などの症状が現れることがある。向精神薬の副作用にときどき見られる。

3 重度痴呆の人ほどレク援助が必要

重度痴呆の人の中には，レクに参加しても楽しむことができない人，参加するのを嫌がる人がいます。レクのスタッフがみんなの前で何かいっても「聞く耳を持たない」という人もかなりいます。ゲームなどでは「競う」ということがおもしろさになるのですが，それが理解できなくなります。また，キャッチボールをしてもらおうとしても，投げたり返したりすることが理解できない人もいます。

このような人は，人数が限られるレクの場合，メンバーからは外されることになるでしょう。現在行われているレクでは重度痴呆の人は楽しむことができないからです。重度痴呆の人はどうせ何をしてもわからないのだから無駄だと考える人もいるでしょう。しかし，レクを楽しむことができないからといって，そのままにしてはいけないと思うのです。

むしろ必要度が高いとも考えられます。重度痴呆の人には他からの刺激が乏しいのです。会話も成り立ちにくく，問題行動を起こしやすく，自発性も乏しいので，自然に介護スタッフとの会話も少なくなります。スタッフは意識していないでしょうが，いつも冗談をいったり笑ったりしている相手はたいてい意思の疎通ができるような痴呆の軽い人です。面会に来た家族だって，話が通じない人には無駄と思って話しかけなくなるでしょう。このように，重度痴呆の人は話による刺激が少なくなっていますので，余計に話をしたりレクに参加してもらったりする必要性が高いのです。

3 本当に必要な援助

1 レクの専門スタッフなら必要なレク援助ができるか

　施設や病院でのレクは誰がどのように行っているでしょうか。介護のスタッフの中で当番を作り，みんなが担当するという方法で行っているところがあります。この方法だと，交代でだれでもが経験できるというよさがありますが，みんなが介護の片手間にやっているので，だれもがレクを上手に指導できるわけではありません。実のところ困っている人もいらっしゃることでしょう。私も特別養護老人ホーム*のスタッフから，「来週は私がレクの当番に当たっているけど，どんなことをしたらいいかしら。いつも困っているんだけど」という質問をたびたび受けます。

　最近は大きな老人病院*や老人保健施設*などでレクの専門スタッフを配置しているところも出てきました。作業療法士*などがリハビリを目的にしてレクを担当しているところもあります。また体育を専攻した人などが「レク・ワーカー」として採用されて行っているところもあります。このように「レクの専門スタッフを置いている」ことを特色としている施設もあります。介護の職についているみなさんは「レクの専門家がいるからお任せしよう」と考えてはいませんか。ちょっと待ってください。レク専門家だからと
いって，介護を仕事にしている皆さんより的確なレク援助ができると決めつけないでほしいのです。「これでレクから解放される」と喜ばないでください。専門スタッフだけがレクを実施することには，次のような問題点があります。

2 レクの専門スタッフだけがレク援助をする問題点

① 専門スタッフはレク対象者の生活の一部しか見られない

　レク専門スタッフだから対象者の日常の生活をよくつかんでいるとはいえません。専門スタッフはレク対象者の生活をよく知らない場合が多いのです。専門スタッフがレク対象者に接する時間は本当にわずかな時間です。例えば午前2時間，午後2時間くらいが対象者などに接する時間で，しかも毎日とは限りません。そして後の時間はデスクワークや準備などに費やされているというのが一般的なパターンです。それでレク専門のスタッフは，生活の場での状態や問題を考慮に入れない対応になっていることもあるのです。

② 専門スタッフの援助は選ばれた人だけになりやすい

レクの時間は，ホールなどに出てこれる人だけを対象に手芸などのクラフトの指導をしたり，ゲームの指導をしたりすることになります。場所の問題，指導者の人数の問題から，参加人数も限られています。それで軽度痴呆の人がレク対象者になりやすいようです。排便などに手が掛かる人や，すぐイスを立ててしまい徘徊をする人など，重度痴呆のある人や問題行動があるといわれている人はレク対象者から外されてしまうのが現実です。

③ 個人に対応した援助がしにくい

レクの専門スタッフを雇うような病院や施設は，経済的なことからいっても，どうしても100人や200人の大規模なところということになります。レク対象者が200人のところに，レクの専門スタッフが5人いたとしても，個人個人の状態に応じたレク援助は無理でしょう。例えば音楽療法やゲームなどでは，いっぺんに50人から100人くらいの人を集めて行うことになるでしょう。そのような場合，大人数のレクには入っていけない人が必ず出てきます。何人かはその間中泣き叫んでいたり，徘徊癖のある人は勝手にイスを立ってしまうので自然に対象外になります。

●用語の説明

＊特別養護老人ホーム

　一般的に「老人ホーム」といわれている施設。ここに入所できるのは満65歳以上の高齢者で，身体上または精神上著しい障害があるために常時の介護が必要で，在宅での介護が難しい高齢者と，家庭的な事情で在宅での介護が難しい高齢者。

＊老人病院

　主に老人性の慢性疾患の患者が入院していて，高齢者の入院比率が著しく高い場合に，老人病院として都道府県知事が許可をする。老人病院として許可されるのは病院全体ではなく，病棟を単位として判断される。老人病院には特例許可老人病院＊と，特例許可外老人病院＊とがある。また，ただ単に入院患者に高齢者の比率が高そうなので，一般的にそう呼んでいる場合もある。

＊老人保健施設

　老人ホームと老人病院の中間的な機能を持っている施設。病院で病気の治療が終わり，病状が安定し入院の必要がなくなったが，家で介護が無理な場合，老人保健施設に入所または通所する。リハビリテーションや介護や看護を中心とした医療ケアと日常生活のサービスを提供し，自立できるようになれば完全に家に復帰するというもの。

＊特例許可老人病院

　急性患者を除き，老人性慢性疾患患者が7割以上の病棟には特例許可が与えられる。一般の病院より医師・看護婦数が少なくてよいが，介護職員を配置することになっている。しかし病

室は一般病院と同じで狭いままである。その中でも介護職員の数を多く配置している病院は特に「介護力強化病院」となる。

＊特例許可外老人病院

特例許可老人病院以外の病院で，医療法の医師・看護婦の数を満たしていないが，高齢者の比率が高いと認定された病院をいう。

＊作業療法士（Occupational therapist，略してOT）

作業療法を専門技術とすることを認められた者の名称。理学療法士及び作業療法士法により作業療法とは「厚生大臣の免許を受けて，作業療法士の名称を用いて，医師の指示の下に，作業療法を行う者」とされ，作業療法とは「身体又は精神に障害のある者に対し，主としてその応用的動作能力又は社会的適応能力の回復を図るため，手芸，工作その他の作業を行わせることをいう」とされている。

「昔取った杵柄」なら痴呆のお年寄りでも楽しめることが多い

4　本当に必要なレク援助

1　その人をよく知ることが援助の始まり

　レク援助を集団で行うよさもあります。周りの人からの刺激はとても大切です。しかし集団で行うことがよいといっても，実は基本には個に応じたレクがなくてはなりません。つまり，個人個人をよく知り，その人には何が必要かを知り，その必要なことを集団により援助するのです。つまりその人個人への援助の1つとして，集団で過ごすということも入ってくるわけです。

　大人数の人を対象にした"能率的"なレクも，スタッフの不足している現状では必要なこともあるでしょう。しかし，基本はやはり，個に応じたレク援助だと思うのです。レクの専門スタッフだけがレク援助をしていては，個に応じたレク援助は望めません。

　次の新聞記事を読んでください。これは，看護や介護のスタッフが考え実践した援助です。ここに，対象者をよく見ている人が作ったレク援助の基本があると思います。

2　大きな施設でレク専門スタッフが少ないときは

　大規模な病院などでは，いっぺんに50人や100人という集団でレクを行うこともあるでしょう。「数人のレク専門スタッフで200人もの大人数を対象にレク援助をしなくてはならない」となると，当然効率のよい集団でのレクの必要性が出てきます。しかし50人や100人というレクは，能率がよいように見えて，実は参加できない人が出てきます。個人に配慮ができる集団援助は，せいぜい20人まででしょう。きめの細かい個人を尊重した援助をしたいが，レクスタッフが足りない，こんな場合どうしたらよいのでしょうか。

　大規模な病院や施設でしたら，階段のワンフロアーごと，病棟ごとの小さなブロックでレク援助を考えればいいのです。そこでは看護士や介護士がレク実施者として活躍します。そうすればレク援助者の人数の不足の問題はクリアできます。しかしその場合，レクリエーションなどは学校で学んでこなかった看護士がほとんどですので，「援助方法や内容がわからない」などの問題も出てきます。ですから，レクの専門スタッフが中心になり，施設全体で組織的計画をし，勉強会や研究発表会などをして，全体のレベルを上げるように指導助言をしていくことが必要になります。

　看護や介護スタッフの方も「私はレクの専門家ではないから」と尻込みしないでください。実際，病院の中にいると，看護士の中には「私は看護のプロであるから，大切なのは医師の補助と看護が仕事。忙しい私にレクは関係ない」とばかりに，レクには知らんぷりをしている人が多いのです。しかし看護士はもう一度看護の仕事について考えてみてください。たとえ病院であっても，そこがお年寄りの医療というよりも生活の場になっているという現実があったら，生活を快適に過ごす援助が重要になるはずです。生活援助の1つとしてレク援助を捉え，レクを大いに利用し実践してほしいのです。対象者をよく知っているあなたがレクの専門家と協力してこそ，その人の本当に必要としている援助ができるのです。

木もれび　心にポン　戻った言葉

　痴ほうが進んだ八十七歳のおばあさんが，足の骨を折って金沢市内の整形外科医院に入院してきた。夜中におむつをはいで，汚物を床にまき散らす。目は一点を凝視したままで話もしない。看護婦たちは悩んだ。

　おばあさんは，昔芸妓だった。そこで段ボールを丸めて鼓を二つ作り，一つを渡してみた。もう一つは生徒になる看護婦用。それから看護婦たちは順番に「おばあちゃん教室」に通った。

　「生徒」が通えない夜のために，ベッドの横のカーテンに，着物の日本髪女性を描いた紙を張り付けた。窓を少し開けると，風でカーテンが揺れ，「紙の生徒」が舞った。夜中も病室から鼓を打つ音が漏れた。

　「お師匠さん」の「一番輝いていた時代」が脳裏によみがえったのかもしれない。徐々に表情が出てきた。おむつをはぐこともなくなった。言葉も少しずつ戻ってきた。最初に教えているときの「だめ」。三ヵ月後，退院するときの「ありがと」——。

　「看護って，こんな大きな力になるのね」と若い看護婦たちが気づくきっかけになった紙の大きな病院からベッド数十七のこの医院に移った。鼓のお師匠さんとの触れ合いは，その約一年後のことだった。

　いま，ボランティアで開く教室で，家庭でも使える介護方法を教えながら，上手なコミュニケーションの取り方の参考にと医院での事例を紹介する。病気やけがを治すのが医療なら，「治ろう」という気持ちを起こさせるのが，看護・介護の力。高橋さんたちはそう信じている。

（彰）

朝日新聞99年3月7日

3　レクの専門スタッフも介護の経験を

　前に述べたように，レク専門スタッフだから本当にその人に必要なレク援助ができるわけではありません。レクの専門スタッフも介護などを経験することにより，レク対象者をもっと幅広い視点で見る必要があります。これらの専門スタッフはそれぞれ特別な訓練や勉強を積み資格を持つ人たちです。レクスタッフに限らず，専門性の高い資格を持っているスタッフほど実際の高齢者介護の経験がないことが多いようです。例えば，医師などのほとんどはおむつ替えなどの介護経験がありません。心理カウンセラーやリハビリセラピストも同様です。無資格のケアワーカーとは反対に，専門性の高い資格を持っている人ほど介護はしないですんでいます。

　レクスタッフに限らず，お年寄りの援助をするスタッフはだれもが，おむつ替えなどの介護の仕事を経験するとよいでしょう。お年寄りを生活の中で理解することが必要だからです。医者が「病を診て，その人の生活を見ない」と批判されるように，病気は治ったけれどその高齢者は寝たきりになっていた，という例も少なくありません。治療スタッフが治療などで痴呆高齢者と対面するとき，その対面した時間のお年寄りしか知らないからです。その人への援助方法を探るとき，その人の生活を見ることはとても必要なことです。その生活を知ることで，その人の本当に必要としている援助が見えてくるでしょう。

　生活から見えてくることの中には，プライバシーのない居室の中での様子を見て，プライバシーを保障する必要性を感じるかもしれません。面会に来る家族の冷たい態度を見て必要な援助を見つけることもあるでしょう。糞尿の臭いの充満している病棟で暮らしているのを見て，その人のことがより理解できることもあります。スタッフが馬鹿にしたような口のきき方やひどい扱い方をしているのを見ることもあるかもしれません。これらのことは，その人の援助を決定するときにとても必要なのです。

　「介護の仕事までしていたら自分の専門の仕事をする時間がない」という人もいることでしょう。全て介護職員と同じだけする必要はないのです。お年寄りと接する仕事をするスタッフは是非介護を体験してください。

　私がレクを担当していたある病院で，医学部の学生が介護職のアルバイトをしていました。時給は普通のケアワーカーの倍くらいでした。「将来，おむつ替えを経験した医者が生まれる」という院長の素敵な考え方から実現していることですが，本当に素晴らしいことでした。レクや心理，リハビリなどの専門スタッフにも是非経験してほしいものです。

5　その人を幸せにするのがレク援助

1　治療法（セラピー）としてのレク

　最近はセラピューティック・レクリエーション[*]という言葉もアメリカから導入され，レクを治療法の1つとして実施するようになってきています。また，遊びリテーション[*]，回想療

Ⅰ 基本的な考え方

法，音楽療法（ミュージックセラピー*）やダンスセラピー*などの言葉もよく聞きます。これらはダンスや音楽などを楽しみや，ただの遊びと捉えず，治療の一方法として捉えているものです。痴呆の高齢者のいる施設等では，アニマルセラピー*やミュージックセラピーを実施していることを売り物にしているところも出ているようです。このセラピーとしてのレクをどう考えたらよいのでしょうか。

ちょっとした工夫で，まわりの物もセラピーに利用できる

2 レクで重度痴呆は治るのか

しかし前記のように重度痴呆はこれらの療法（セラピー）では治りません。痴呆症の人を治す「脳リハビリ」の医療で実績を上げている浜松医療センターの金子満雄医師は多くの著書で，治る可能性のある痴呆は軽症の痴呆までとしています。例えば『浜松方式でボケは防げる治せる』（講談社，111 頁，1995 年）では「大ボケにまで低下した機能は，残念ながら，もはや治ることはないと私は考えています。もちろん，訓練士などの熱心な努力で，多少の向上をみた例はいくつか報告されています。しかし，ひとりの人間として自分がここに生きていることを認識し，まわりの家族との人間関係もわかり，自分の考えで人生を楽しむことのできる『独立した人』にはもどりにくいということです」と述べ，重症の痴呆は治る可能性はほとんどないとしています。

3 治療的なレクの効果

では，「療法（セラピー）」といわれている音楽や回想，ダンスなどでどのような効果があるのでしょうか。何を治すための「療法」なのでしょうか。

いろいろな方の実践記録などをまとめると，これら治療的なレクの効果は「注意集中力の向上」「感情の発散」「不安の解消」「落ちつき」など情緒の安定によい影響を与えているようです。もっと具体的にいうと，不安から落ちつかず大声を出したり泣いたり，暴力的だったりしていたのがなくなり，問題行動的だった痴呆症状が目立たなくなることです。つまりこれらの療法（セラピー）実践の効果は「情緒を安定させて問題行動を軽減させる」ということになるでしょう。

4 「治療」よりも「幸せ感」を目的にして

施設や病院などで「療法（セラピー）」を実施すると，当然のように「効果」を期待する声が出てきます。ケアワーカーや作業療法士などの友人から「施設長が『○○療法を実施して

どんな効果が上がったのか』と聞きたがる」とたびたび聞きます。「痴呆に効果がある」という療法を実施すれば，どのように効果があったかということは，施設長でなくとも知りたいところです。特に，身内の大切な人が痴呆になった場合，どうにかして少しでも痴呆を治してほしいと期待するのはもっともな気持ちでしょう。

　その気持ちは理解できますが，レクなどを「治療法」として実施することに私は賛成できません。それは効果を出そうと頑張らせたり，強制したりになりがちだからです。そうなると，対象者には効果が上がりそうな人や，症状の軽い人などを選ぶということにもなります。効果が目的になり楽しみが後回しにされることも考えられます。

治そうとするより「幸せ感」を持ってもらうことが大切

5　豊かな生活の一部である豊かなレクであることが大切

　私はここ数年間，西欧や北欧，オーストラリアなどの国々で多くの重度痴呆の高齢者の施設（グループホームなど在宅に近い施設も含めて）を訪問しました。福祉が完備している先進地といっても中には古くて狭い居室しかない施設もありました。オーストラリアやドイツ，そしてスウェーデンでさえも４人部屋というところもありました。しかしそこでの寝たきりではない痴呆のお年寄りは，一様に華やかな色のワンピースを着たり，ハンドバッグを持ったり，髪を整え化粧を施し，立派なイスに座り，きれいなクロスのかかったテーブルでおしゃべりしながらお茶の時間を楽しんでいました。日本の特別養護老人ホームや老人病院の雰囲気を知っている私には「どうしてこの人が重度の痴呆なのか」と思われるような上品な物腰とニコニコとした笑顔で過ごしていました。また，ある施設では犬が飼われ，あるところではスタッフの飼い犬や猫を連れての出勤も構わないとされていました。そして動くことができる人には様々なレクのプログラムがありました。

　そこではどのような療法（セラピー）が行われていたのでしょうか。私が訪れたいくつかの施設では様々なレク活動を「これはセラピーではなくアクティビティー（活動）です」と言っていました。そして「なんのためにレク活動をするのか」と聞くと「楽しく過ごすためです」とか「重い痴呆の人も幸せに過ごす権利があるのです」と答えていました。

　一方，日本のレクは「豊かな生活の中の一活動」として捉えられるでしょうか。排せつ物の臭いの充満する建物の中で，パジャマかしらと思えるようなトレーナーを着て，施設カットと呼ばれるショートヘアに寝癖がついていて，もちろん化粧っ気は全然なし。と，こんなところが重度痴呆のお年寄りの置かれている多くの状況といえましょう。つまり，豊かな生

I 基本的な考え方

活があり，その一部に豊かなレク活動などがあるのが基本です。貧しい施設生活の中で，「治療効果を求めてのレク」を実施するのは，本末転倒のような気がするのです。

しかし日本の重度痴呆の高齢者は，レクなどの活動はなく放ったらかしにされていることが多いようですので，レクを実施しているところはまだ恵まれているところといえるかもしれません。

6 「幸せ感」を目的にレクの実施を

それでレク活動は「治療」を目的に実施するのではなく「幸せ感を持つこと」を目的に実施したほうがよいと思います。「幸せ感を持つ」ことを目的とした援助は，そのときにその人が幸せに感ずればいいのです。そのときその人にとって楽しいことを探し

痴呆のお年寄りもオシャレをして過ごす
（フィンランド）

て行うのですから，その目的を達成しやすいし，対象者については効果が上がりそうな人ではなく，だれでもよいということになります。その上，別に問題行動などが軽減しなくてもよいのですから，実施者は焦る気持ちがないし，対象者のにこにこ幸せそうな顔を見ていればよいのですから，お互い穏やかな気持ちでいられます。

「幸せ感」を目的にする援助は，その人の得意なことをしたり，その人を尊重し受容することから始まります。健康な大人でも子どもでも，そしてだれでもそうですが，自分の好きなことをしたり，自分が認められて周りの人に受け入れられているのを感じたり，他人から尊重されているのを感じたりするときは，人は幸せを感じます。痴呆のお年寄りも例外ではありません。好きなことをして，相手に誉められて認められ，尊重されているときは，最高の幸せ感に包まれるひとときです。そして「幸せ感」に包まれていると，不思議なことに情緒が安定し，「問題行動」といわれている「随伴症状」が軽減することもあるのです。しかし，その「軽減」は結果であって，決して目的ではありません。「治療」と「幸せ感」，この2つの目的には大きな違いがあると思います。

●語句の説明

＊**セラピューティック・レクリエーション**（略して TR という）
　疾病の軽減を進め，社会的，身体的，情緒的，精神的健康を回復するためにレクを「療法」として用いるもの。最初は精神科の分野で行われた。

＊遊びリテーション

　高齢者が身体の機能回復のために厳しいリハビリテーションを実施しても，苦しいことばかり多く実りは少ない。自然にリハビリテーションは避けがちになる。そこで「遊び」を「リハビリ」に取り入れて，楽しく知らないうちに体を動かし，機能回復や身体を鍛えたりするが，それを「遊びリテーション」と呼んでいる。

＊回想療法

　最近のことは忘れても過去のことは比較的覚えているという痴呆の人の記憶を引き出し，共感と受容をしながら働きかけ，痴呆の人の心の安定を図るという方法。痴呆のある人とない人を一緒にして実施することができる（回想法の頁で詳しく述べる）。

＊音楽療法（ミュージックセラピー）

　音楽の快適な刺激が精神と身体に作用するという音楽の特性を，痴呆の高齢者や心身障害者の治療に利用する方法。楽器を演奏したり，合唱したりする。在宅の人への援助内容は，その人の好きな曲を集めたテープを聴かせたり，家族が一緒になって手拍子しながら，また対象者の身体にふれながら歌を歌ったりすることがよいようである。

＊ダンス療法（ダンスセラピー）

　先に述べた効果があるといわれている音楽療法の音楽を用い，音楽の曲想に動きを付けたものがダンス・ムーブメント療法。精神，身体，社会関係に好ましい影響を及ぼすといわれ，アメリカの精神病の分野で用いられている。

＊アニマルセラピー

　愛らしい仕草や行動で人の心を和ませてくれる動物とふれあうことにより，心の病の治療や病気治療の精神的サポートとして効果があるとするもの。療養施設，養護施設，学校，療養型レジャー施設などを対象に行われている。

7　喜び楽しめば脳の働きが活発になる

　前に，「レクは，治療として実施するよりも，今幸せな気分になることが大切」ということを書きました。しかし実は「幸せな気分になるのは脳にもよい刺激を与える」のです。これは体験からだけいっているのではありません。浜松医科大学教授の高田明和氏の著書には次のように書かれています。

　「私たちが喜び，楽しめばドーパミンが多く出され，この記憶がよくなるということです。その結果，計画性，集中力，社会性など，生きて

いくのに，また社会で成功するのに最も必要な脳の働きが活発になるということになるのです。暗い気持ちでいるときにはよい計画も作れず，創造性も枯渇したように思えます。また，陰気な人は他人から好まれず人間関係もうまくゆきません。さらに陰鬱な気分の時は当然積極性に欠けます。これらはすべて，脳の前頭前野がドーパミンの支配下にあるということで説明がつくのです。昔から『笑う門には福来たる』といいますが，まさにこの言葉は科学的にも証明されたのです」(『ボケない脳のつくり方』光文社，1997 年，105～112 頁より引用)

この本にあるように人間は，くよくよすると脳の働きが悪くなるようです。また笑ったり幸せな体験を持つことにより脳の働きがよくなるようです。もちろん，同じように幸せな体験をして過ごしても痴呆の軽減につながらない人もいるでしょう。しかし，そのような人も，残された人生の一瞬一瞬を，無気力ではなく，ニコニコ顔で楽しく過ごすことの方が，よりよい人生であろうことはだれも疑いのないことです。

8　多彩になっているレク援助の分野

どこからどこまでをレク援助の範囲とするかは，人により考えが違います。しかし最近はレク援助を広い範囲に捉えるようになってきており，それに従って援助内容も多彩になってきています。本や実践発表などを見ても，ゲームや歌だけではありません。食事をバイキング形式にしたりすることもレク援助の1つといえるかもしれません。このようなバイキング

の食事は，痴呆のない人から，問題行動のある人まで幅広い人に喜んでもらえるレク援助といってよいでしょう。いくつかの施設では毎食バイキング形式の食事を取り入れて，ありきたりになりがちな施設の食事に変化をつけて楽しんでいます。また毎週何回かバスを出してショッピングセンターなどに買い物に出かけているところもあります。ときどき外食を楽しんでいるという話も聞きます。またお年寄りの希望を聞き，施設のバスで毎週１時間程度で往復できる場所へ遠足に出かけていくという施設もあります。泊まりがけで遠方にある墓参りや，故郷探訪の旅に出かけるところもあります。週２回，温水プールでスイミングを楽しんでいる施設。また季節ごとの行事，春は花見，夏は海水浴なども行われています。海水浴は歩行が困難な人や，おむつを当てている人まで，おんぶして海に入れたということで，「まさか海水浴ができるなんて思わなかった」と大変喜ばれたそうです。また冬はカニ料理で舌鼓を打ったり，温泉旅行など，施設によっては海外旅行を実施しているところもあると聞きます。

　また海外旅行などと比べると目新しいことといえないのかもしれませんが，次のようなことこそ大切な援助であると思います。朝起きて，洗顔，好みの服に着替えてから時間をかけて化粧をして食堂に出ることを実施している施設があります。これは自宅にいたら当たり前の生活ですが，だからこそ大切なことなのです。ゲームなどのレクを実施するよりも，地味だし余計に手が掛かるのかもしれません。しかし人間として自然なことだし，尊厳を保つのにふさわしい援助でしょう。

　以上のようにレク援助は従来の常識にはとらわれない発想の実践が行われています。

II 具体的な援助技術

1 レク援助の方法

1 援助を決める手順

レク援助の方法を決定するとき，どのように決めたらよいのでしょうか。次の①から⑤の手順で決めて実行してみます。そして⑤の段階で，「援助方法がその人にふさわしくない」という結論を出したら，また①の最初に戻ってやりなおしてみてください。

① その人についての情報を集める

決定するための材料は，その人の過去や，現在の状況を知ることです。つまりどんなレク援助をしたらよいのかを知るためアセスメント*をするわけです。

アセスメントの内容は，育ってきた環境や，親子関係，夫婦関係，社会での人間関係，今までやってきた仕事，趣味や遊び歴など，その人を形作ってきたものです。

育ってきた環境とは，例えば，下町で育ったか，農村地帯で育ったか，経済的には豊かだったか，貧しい環境だったかなどです。特に生育歴の中では，勘当されたとか，暴力を受けて育ったとか，甘やかされて育ったのかなどは注目することです。夫婦関係では，非常に仲がよかったとか，夫の暴力があったなどです。以上の事柄を，カルテ，介護職員，家族，本人などから聞きます。

若い障害者などへのレク援助のためのアセスメントは，趣味や過去のスポーツ歴，幼い頃の遊び歴などが特に重要になります。重度痴呆の人へのレク援助の方法を決定するときは，特に遊び歴だけが重要というわけではありません。重度痴呆の人の場合，従来の遊びやレクの題材ではなかなか楽しめない人が多いからです。ですから，趣味や遊び歴だけでなく，仕事や生育歴などが重要になることも多く，その中からその人が興味を持てそうなことを探すわけです。例えば，ギャンブルにはまっていたとか，いわゆる女遊びが大好きだったとか，飲み屋に行くことが息抜きになっていたとか，また読書や研究が生きがいになっていた人もいるかもしれません。

●用語の説明

＊アセスメント
　介護過程などの事前や初期に，その人が何を求めているのかを正しく知ること，そしてそれが生活全般の中のどんな状況から生じているのかを確認すること。具体的には，援助対象者の

身体の現状や生育歴，生活歴，性格などを知ることにより，必要な援助は何かを探る行為である。

② レク実施側の条件を考える

レク対象者の過去や現在の状況を調査して，必要なレク援助が見えてきたとしても，必要な援助がすべて実施できるという訳ではありません。実施する場所やスタッフの条件を考慮に入れなければならないからです。

まずは人的条件です。例えば援助対象者は100人もいるのに，援助スタッフは3人しかいないなどの条件です。専門スタッフ以外の人がどのようにかかわることができるのか考えてみましょう。入所者の少ないところでは，レク専門スタッフがいないことが多いのですが，むしろそれを生かして生活や介護に密着した援助ができるでしょう。

病院や施設を取り囲む環境も大切な要素です。交通の便が悪い山間地だったら，買い物には不便ですが散歩などには安全であるし，市街地にあるところでは，交通安全には注意が必要ですが買い物や外食には出やすいとなるわけです。

そして次に考慮に入れなくてはならない条件は，レクなどを実施する施設内の場所や用具などの物的条件です。今では考えられないことですが，何年か前の特別養護老人ホームでは，ベッドで食事をとっていたところも多かったそうです。そのような老人ホームの1つで，「食事は食堂でしてもらおう」と決めたのですが，入所者全員が入れる大きさの食堂がなかったそう

お年寄りが楽しいと感じられることで，施設の条件にあったレクを考える

です。そこでどうしたかというと，事務室や苑長室，廊下などを食堂として使ったということです。今はどこも食堂は大きくなっていますが，古い施設で喫茶店を開こうとすると，さぞいろいろな障害が起きるだろうことが予想されます。

最初にこのような前例のない実践をすることは，どこの組織でも大きな抵抗が予想されます。考えついたから，正しいことだからといって突如として始めるなどということはなかなかできません。少しずつ実績を積んでいき，周りの人が気がつかないうちに，いろんなことが変わっていたというふうにするという方法もあることを頭に入れておいてほしいと思います。

以上，人的条件，物的条件などを考慮に入れ，しかし常識にとらわれずに実施してほしいものです。そのためには，条件の短所を見るより，なるべく特徴を生かし長所となるように

③ その人が必要としている援助内容を決める

次に①と②で調べた，レク対象者の状況と，援助側の人的物的条件がそろったところで，その人の必要としているレク援助の内容と方法を考えます。レク援助の目的を「その人が幸福な気持ち，楽しいと感じる時間を作ること」と捉え，そのためにスタッフができる援助を考えればよいのです。つまり，その人は何だったら興味を示すのか，どのようなことをしたらその人が満足感や幸せを感じてくれるのか，またどんな方法で実施するかなどです。援助内容を決めるとき一番大切なことは，「これをすると，対象者の方が幸せを感じてくれるけど，レクではないかな。これは介護かな」と思わずに，レク援助の範囲を今までよりずっと幅広く考えていただきたいのです。

次は多くの人へ対応できる援助の例です。

〈喫茶店を開業する〉

例えば施設内で喫茶店を開くという援助があります。このこと1つでいろいろなニーズを満たすことができます。例えば，毎朝1杯のコーヒーを飲むことを楽しみにしていたという高齢の人は案外多いのです。そんな人への楽しみの時間として。そして，しゃれた店で気分転換がほしい人に。甘いお菓子が大好きな人へ。喫茶店で懐メロのテープを流せば，懐かしい気持ちに浸れる人がもっと増えるかもしれません。

このとき忘れてはならないのは，コーヒーには砂糖とクリームをたっぷり入れることです。コーヒーが好きというお年寄りは案外多いのです。しかし「砂糖たっぷり」に対して看護婦さんなどは「高脂血症なんだからとんでもない」などと嫌な顔をするかもしれません。確かに健康に悪いかもしれませんが，施設での生活を楽しく過ごすために，砂糖はケチらずたっぷり入れてあげてください。

たっぷりの砂糖を入れる理由は，お年寄りはしゃれた雰囲気の場所で，しゃれたカップで，西洋舶来の香りの飲物であるコーヒー（または紅茶）を楽しむのが好きなのであって，コーヒーそのものの苦い味は好きではないのです。ですからたっぷりの砂糖やクリームが必要なのです。そのせいか，コーヒーはインスタントでも構わないようですし，それよりも，明るいテーブルクロスや，落としても割れないプラスティック製ではなく，陶器製のしゃれたコーヒーカップを使用することが大切です。

しゃれたカップや，コーヒー，紅茶などの費用が不足しているときは，周りの人に呼びかけてみましょう。「わが家に貰い物のコーヒーカップがあるから，持ってくるわ」とか「インスタントコーヒーの貰い物がたくさんあるの。もらってほしいわ」という人が結構いるのです。お金がない，用具がないなどはこのような工夫で乗りきりましょう。

また喫茶をする場所が食堂以外には考えられないという施設もあるでしょう。そんなところでは，真っ赤なテーブルクロスなどを利用して，いつもとは違った雰囲気を演出してくだ

さい。喫茶店や飲み屋をやることにして，その看板娘（？）を比較的元気な入所者にしてもらい，スタッフやボランティアは裏方に回るということもできます。もちろんウエイトレスは，間違ってもトレーニングウェアや白衣での対応はしないでください。色っぽくてこぎれいで華やかな服装で楽しくやりましょう。色っぽいというと「不謹慎な」と思う方がいるかもしれません。しかし，あなたが入所者などの立場に立ってみて考えてください。聞くまでもないかもしれませんが，どちらがうれしいでしょうか。また，ここに近所からボランティアに来てもらうことも考えられると思います。もちろん，お酒やタバコを出す必要性を感じるようになるかもしれません。

しゃれた喫茶店でコーヒーを楽しむ

〈手作業をする〉

　ぬいぐるみや人形を抱っこすることで安心した気持ちになる人もいるかもしれません。歌を歌ったり，紙芝居やパネルシアター（45頁の説明参照）などを演じて見てもらうこともよいでしょう。体操や運動をしたい人もいるかもしれませんね。昔，縄つくりや手芸などをしたことがある人にはそれをやってもらいましょう。実際にはできなくなっている場合が多いので，できる人のそばで，作業を手伝ってもらったり，藁を触ったりと真似事をするだけでも楽しいものです。

　もし施設が山間地にあれば，周りの小さな農園で野菜や花を育てることもいいかもしれません。といっても昔農業をしていた人でも，現在はできないことが多いので，スタッフの他，重度痴呆の人と軽度の人などが交じって土いじりをするような配慮が必要でしょう。

〈言葉遣いも援助の大切なポイント〉

　また言葉遣いも大切な援助のポイントになります。例えば，漁村のおかみさんとして暮ら

してきた人に、丁寧な言葉でばかり対応すれば、「慇懃（いんぎん）な」と感じられ、なかなか言葉や心が通じないかもしれません。反対に、山の手の知識階級で育ち、仕事でも敬語でばかりで対応されてきた人に、カジュアルな言葉遣いでは、「なんて失礼な口のきき方」と不愉快に感じられ、やはり打ち解けることができないかもしれないのです。

④ 実施する

　実施に当たっては、同じ病棟やホームのスタッフなどにもよく説明をして理解を求めてから始めることが大切です。そうすると誤解されにくいし、協力を得られやすくなります。また、あなたの実践を注意して見るようになり、貴重な意見をもらえたり、また実践の良さをわかってもらえることでしょう。

⑤ 援助内容がその人にあったものか評価し、見極める

　まず実施してみて反応を見ます。反応の仕方は人によって違います。ポイントは、実施しているときの「表情が幸せそうかどうか」です。笑顔などはっきりと表情に現れない人もいます。しかし、注意深く観察すれば「幸せ」と思っているかどうかは判断できます。もし、実施した援助内容で楽しんでいないなと判断したら、また①のアセスメントをし直して、別の援助内容を考え、実施します。

2　記録をつける

　たとえレク実施の目的が治療目的ではないにしても、レク実施の記録は必要です。毎日のレク援助では新しい発見と喜びがあります。スタッフにとってレク対象者との心のつながりは、ほんのささいなことでもうれしいものです。そして、立てた計画がその人の心を動かしたという経験は、記録しておいて次に役立てなくてはなりません。しかし感動は時間が経てば薄れて忘れがちだし、毎日の変化は余りにゆっくりですから、半年、1年といった大きい目で変化を捉える必要があります。毎日の感動を記録に留めておきたいものです。

援助内容の決め方

①その人についての情報を集める
↓
②レク実施側の条件を考える
↓
③その人が必要としている援助内容を決める
↓
④実施する
↓
⑤援助内容がその人にあったものか見極める

最初に戻る

　記録には、毎日のレクの内容と参加者全員の記録と、個人の記録表の2種類があります。私は、あまり詳しく記録を書き入れると、記録する時間も長くかかり、後で見返すときにも読みとりにくくなるので、この表のように簡単なものにしています。記入例を参考にして、自分にあった記録をしてください。参考になるのでしたらこの本の表をコピーして、またアレンジして使ってください。

レクリエーション毎日の記録表　　年　　月　　日（　　）実施者

レクの内容

No.	名前	その日の記録	No.	名前	その日の記録
1			27		
2			28		
3			29		
4			30		
5			31		
6			32		
7			33		
8			34		
9			35		
10			36		
11			37		
12			38		
13			39		
14			40		
15			41		
16			42		
17			43		
18			44		
19			45		
20			46		
21			47		
22			48		
23			49		
24			50		
25			51		
26			52		

II 具体的な援助技術

レクリエーション毎日の記録表（記入例）

レクリエーション毎日の記録表 99年 3月 1日（　）実施者　T・S

レクの内容　おひな様の話→歌（春の歌）→風船バレー→体操→午前
　　　　　　喫茶タイムでおひな様の思い出について語りあう→午後

No.	名前	その日の記録	No.	名前	その日の記録
1	E・W	a.m. 風船バレーでリーダー的役割	27	T・Y	p.m. コーヒーおかわりする
2	M・U	車イスで苑内散歩（花の匂いかぐ）	28	K・H	
3	S・S	発熱	29	K・M	誘っても断られた
4	K・M		30	S・Y	p.m. 意識表出見られないが一緒に参加
5	T・M	a.m. 反応悪い	31	Z・T	a.m. ソーラン節のとき一緒に踊る
6	S・M		32	T・Y	入院中
7	N・H		33	N・U	a.m. 参加，情緒安定あり　佐川さんの車イス押し
8	H・Y	誘っても機嫌悪く怒ってばかり	34	S・S	a.m. 車イスで参加　ニコニコ顔
9	K・S		35	M・K	
10	T・U	a.m. タバコ　声を出して歌った。拍子もとれた	36	M・S	p.m. 嚥下障害のためコーヒーにとろみをつけて飲む。うれしそう
11	Y・H	p.m. おひな様の思い出についていろいろと話してくれた	37	H・T	p.m. コーヒー3杯要求する
12	M・S		38	M・T	
13	M・K		39	T・T	p.m. おひな様を喜んで見て思い出したよう
14	T・K		40	H・W	朝方苑庭散歩
15	S・T	p.m. お菓子	41	N・T	
16	Y・I	a.m. 奇声を発して落ちつかない	42	M・M	
17	S・K	a.m. 喜んで参加　自力歩行　途中トイレ	43	M・H	a.m. Mさんの車イスを押して参加。協力的。うれしそう
18	H・K		44	H・S	
19	H・S		45	T・N	
20	M・N	a.m. 参加，いつも通り	46	Y・M	a.m. 車イス，自分で動かして参加。待っていてくれ，とても楽しんでいた
21	T・Y	p.m. 紅茶おかわりニコニコ顔で	47	H・S	
22	K・H		48	A・K	a.m. 参加　放尿してさわぎになる
23	N・K	p.m. おひな様の思い出の話をリードする。たいへん機嫌よい	49	H・K	
24	T・M	p.m. 紅茶など飲みすぎかトイレ失敗　あとは幸せそう	50	S・H	誘いに応ぜず
25	H・U	入院中	51	S・M	
26	T・H		52	N・M	p.m. 車イスを押してくださり参加。いろいろ話をしてくれ雰囲気もり上がる

レクリエーション個人記録	名前		生年月日	年 月 日	性別 女・男	部屋
疾患名・痴呆度	家族関係など	過去の仕事など	生育歴・趣味など特筆事項			

	1年目 記録者（ 　） 年　月	2年目 記録者（ 　） 年　月	3年目 記録者（ 　） 年　月	4年目 記録者（ 　） 年　月	5年目 記録者（ 　） 年　月
歩行					
食事					
排せつ					
痴呆度など					
周りへの関心					
情緒の安定					
レク参加意欲					
興味を示す事					
その他					

個人記録表（記入例）

レクリエーション個人記録	名前	K・H	生年月日	大正 9 年 4 月 10 日	性別 ㊛・男	部屋	108
疾患名・痴呆度 脳卒中（95年） 老人性痴呆	家族関係など 夫、息子、息子妻、孫娘と同居		過去の仕事など 主婦、家業は農業、仕立て物		生育歴・趣味など特筆事項 女学校卒、生け花、書道、針仕事、縄をない、むしろ作りなど手先の細かい仕事を手早くきれいにこなした。 性格 芯はしっかりしている。おとなしい。まじめ。		

	1年目 平成8年 4 月 記録者（　　）	2年目 平9 年 4 月 記録者（　　）	3年目 平10 年 4 月 記録者（　　）	4年目 平11 年 1 月 記録者（　　）	5年目　　年　　月 記録者（　　）
歩行	独歩	独歩であるがときに転倒	骨折で入院（H9、10月）後車イスで移動	死亡	
食事	普通	きざみ食 自力摂食	きざみ食、全介助		
排せつ	自立	時々失敗するためパンツ型オムツ	全てオムツ		
痴呆度など	軽度、前のことを忘れる	ほぼ変化なし	ほぼ変化なし		
周りへの関心	まったくなし	まったくなし	まったくなし		
情緒の安定	安定している	安定	安定		
レク参加意欲	なし	まったくなし	まったくなし		
興味を示す事	手作業 針仕事、生花、折り紙	針仕事、生花、歌 しかし、さっと仕事をしてすぐに終えてしまう。しかし楽しんでいるよう	針仕事などは無理 レクイベントに参加しても無表情		
その他			夫、亡くなる		

2　レク援助の種類と方法

1　回想法

①　回想法とは

　「回想法」は，1960年にアメリカで高齢者に対する心理療法として始められたもので，高齢者の過去の思い出に焦点を当て，否定的に捉えられがちだった過去の回想に積極的な意味を見いだし，共感的な聞き手の存在によって人生の再吟味を行おうというものです。その手法が，心理，リハビリテーション，レクの分野で用いられています。

回想法の場面

　現在のところ，回想法の効果が科学的に証明されているとはいえないかもしれませんが，「回想法を実施すると，会話や雰囲気を楽しみ，その結果機嫌がよくなるようだ」ということはだれもが認めるところでしょう。

　回想法実施の人数については，高齢者と聞き手の1人対1人で行う個人回想法と，話し手が複数のグループ回想法があります。個人回想法は，落ちついて相手の話をじっくり聞くことができるし，グループ回想法は集団の交流を促進し仲間意識が形成されるなどの利点があります。しゃべり方が遅くて，他の人と一緒だとどうしてもしゃべる機会が持てないという人は個人回想法がよいでしょう。

　回想法は，会話によって成り立つものなので，対象者は，会話ができる人ということにな

りますが，私は，しゃべれなくても少しでも理解力がある人，または参加して雰囲気を味わうことが好きな人なら大丈夫と考えて，そのような人にも参加してもらっています。回想法は元気で痴呆の軽いお年寄りから，話のつじつまが合わない重度痴呆のあるような人までに有効な援助方法であるということです。しゃべれないけれどニコニコと機嫌よく，他の人の中でムードを楽しめたり，つられて何かしゃべり出すような人は，グループ回想法がよいということになります。どちらの回想法を用いるかは，対象者の状態や周りの条件などを考えて決めてください。

〔回想法実施のための参考文献〕
矢部久美子著『回想法』河出書房新社，1998年刊。
回想法の歴史や意味実践方法などが，実践例を交え，平易な言葉でわかりやすく書かれている。

昔の写真は，お年寄りの回想を助ける小道具

② 回想の手助けになる大道具小道具

　回想は用具がなくても実施できますが，大道具小道具を用いると話の糸口が簡単にできますし，忘れていたことを回想する手助けになるでしょう。
　大道具とは，散歩している風景や雨，雪，雲などです。雪を見ながら，雪かきの苦労話が，夕焼けを見ながら子ども時代に遅くまで遊んで親に叱られた話などが出てくるかもしれません。その風景から思い出を手繰れるような話しかけが大切です。

小道具としては昔の写真や絵が便利です。例えば，赤ちゃんのお宮参りの様子を写したものや，七五三の記念撮影，家族の写真です。そして鳥の絵，魚の絵，富士山や雪景色，機関車，機織り機の写真など，誘導の話しかけや説明なしでも話題が出てくると思います。絵本や紙芝居の「浦島太郎」「桃太郎」などの昔話の挿し絵も便利です。また，竹とんぼや竹の水鉄砲，駒などの玩具や，渋皮大うちわ，藁草履，藁打ち器，藁靴などの民具は，最近は観光地や民芸品店などで売られています。見つけたときに手に入れておきましょう。地元の町の昔の様子がわかる写真などが手に入るとおもしろいでしょう。また，食べ物（芋，果物，伝統的な食物）などの写真も結構ですが，食べ物は，写真でなく実物で，実際に食べられるものだともっとよいでしょう。

　散歩中には，花の匂い，草の香り，雪の冷たさ，クモの巣の柔らかな感触，松葉のちくちくした感触なども重要な小道具になるので，上手に利用してください。

③　回想用ファイル

　お年寄りと話をする度に，写真や絵を用意するのは手間がかかります。普段から，ちょっといいなと思うような絵や写真などを1冊の透明ファイルに入れておくと便利です。必要に応じて見せることができる便利なものなのです。

④　回想法実施時の技法

　回想法で一番大切なことは，相手の話をよく聴くことです。聴くということは簡単のようで，実はかなり難しいことなのです。相手が痴呆のあるお年寄りであればなおさら難しいといえます。痴呆があるからといって感情がなくなっているということはありません。快・不

快はとてもよくわかるようです。ですからその聞き方は、「ああ、この人は本当に自分のことをよくわかってくれる。理解してくれてうれしい」と思われるような聞き方をしなくてはいけません。そんな対応をすることで、高齢者の態度が変わったり、意外な一面を発見したりして、心からお年寄りを尊敬できるきっかけになることでしょう。

次に簡単なカウンセリングで使う、聞き方を応用した基本技術・注意点を3つ紹介しますので、それを練習し、使ってみてください。

❶ その人のそのままを受容する

痴呆のお年寄りは、非常識なことをいったり、暴力的だったり、迷惑な行動をとったりすることがあるので、痴呆のない人と比べて、軽視された扱いを受けることが多いようです。スタッフの皆さんの中には「私は差別なんかしていない」と反論なさる人も多いことでしょう。ところが意識していないところで差別していることがあるのです。例えば、話のあいづちに「またそんなこといって」とか「はーい、はい」とおざなりの返事をしてしまうことはありませんか。例えば「はい、あ〜んして、おいしい？」などと子どもに対するのと同じ口のきき方をしていませんか。馬鹿にされているとか、いい加減に対応されていると痴呆の人も敏感に感じとります。

そのまま受容するということは単に話を聞くことだけではありません。たとえ問題行動といわれることをしていても、頭ごなしに注意しないようにします。その「変なことをしているその人」をそのまま認めましょう。例えば、泣いたり、叫んだり、暴力的だったりする人には、誰かを傷つけるようなことだけ避けるようにして、例えば叫ぶとか怒るとか、スリッパで壁を叩くなどはそのままにしておくのです。

私たちも自分の欠点ばかり指摘されるのは嫌な気分がするものです。欠点を指摘されると反発したくなります。ありのままの自分を認めてもらえることで気持ちが安定します。安定した上で、その後自分の悪いところを直してみようという気分になるのです。これは障害を持った人の場合や、非行の場合でも、痴呆の人でも変わりません。不思議ですがそうなのです。もしかしたら自分が認めてもらえず、怒られてばかりで不満足な気持ちから、八つ当たりのような反抗的な行動をしている人もいるのかもしれません。介護者の気持ちになれば注意をしたくなる気持ちは当然ですし、理解できますが、とりあえず怒らずに「そのままのその人が好き」というメッセージを送ってください。

問題行動といわれる行動をする人は、怒られても問題行動を止めないことが多いのです。これは痴呆の人は注意の言葉が理解できないからという場合もあるのです。言葉が理解できないので、注意しても問題行動は止まず、しかしスタッフは気になるのでまた怒るのです。痴呆のある人は、怒られた内容は理解できなくても、怒られたという不愉快な気分だけは残ります。これは、レク援助の目的である「幸せな気分を感じてもらう」ということと反対のことをしているのです。私の経験では、問題行動をしても怒らないでいることを続けたら情緒が安定し、問題行動が少なくなったということもしばしばあります。

❷ 共感して聴く

　常識で考えて「変なことをいうな」と感じてもそれを態度に表さず，お年寄りの立場に立って考え，お年寄りが感じたのと同じように理解してあげることが，共感して聴くということです。

　それは例えば，「仏壇から黄色い光が出てきて，それが形になってこういったの……」という話をしだしたら，援助スタッフは，その不思議な現象を一応本当にあったこととして対応するのです。共感する言葉としては「それはビックリしたでしょう」「それは仏さんなの」「ありがたいことやね」などといい共感の反応を示します。

作話だと思っても共感しながら聞く

　また，その場を取り繕うような作話，つまり嘘をつく場合があります。そんなときも「またそんなこといって」などと咎めず，「ああそうなの」とか「それはよかったですね」というような共感を表す言葉を返します。それにより「理解してくれた」「自分のいうことが受け入れられた」とか「わかってもらえた」という満足した気持ちになるでしょう。

　そしてもう１つ大切なことは目線です。車イスなどの人には，膝を折るなどして目線をお年寄りと同じ高さにし，目を見つめて話を聴きましょう。

❸ 誉める

　痴呆のひどい人でも，自分の得意なことや誇りとしていることはわかる場合が多いようです。その内容は「器用」「美貌」「由緒正しい家柄」「高学歴」というだれが聞いても納得できるような場合があります。しかしたいていは特別に取り上げるようなことではないのが普通です。痴呆の人の心を開いて，話をしてもらうためには，自慢に思っていることを探して誉めることが必要になります。誉められることにより，痴呆のお年寄りが幸せを感じ，それが心を開くのを手伝うことになるからです。

　ここで注意すべきことは，いくら「賞賛する」といっても，わざとらしい反応をしてはならないということです。痴呆の人でも「自分のことを嫌がっているな」とか「わざとらしい反応だな」などは敏感に感じます。

　取り立てて誉めるようなことのない人への賞賛は難しいですね。次のようなことで誉めてみましょう。施設に長い間入って陽に当たっていないためか色白の人には「色白ですね。若い頃はさぞ，べっぴんさんだったでしょ」といいます。昔は色白ということが美人の大切な条件だったのです。

　よく見舞いに来る夫（子ども）がいる人には「やさしいご主人（子ども）ね」。たとえ今は禿頭の息子さんでも，幼い頃には可愛かったはずですから，「息子さんの幼い頃はさぞ可愛

ったでしょ」などと話しかけてみましょう。目の前の現実には誉めるべきものはなかなか見つからない場合が多いので，想像力を働かせて誉めることを探します。当人が自慢に思っていることや自信のあることをスタッフに認められることにより，スタッフを自分の味方であると認識し始めることになるでしょう。これらの誉め言葉への反応はそれぞれの人で違います。その人がうれしそうな反応をするものを探せばよいわけです。

⑤　ヒアリングの練習も必要

　お年寄りの話は非常に聞き取りにくいものです。特に地方のお年寄りは強い方言となまりがあり，聞きにくくなります。県外から来たスタッフなどは，その土地の方言に早く慣れましょう。

　また，お年寄りの中には子音を発音しない人がいます。子音を発音しないで，すべて母音で発音するのでとても聞き取りにくいわけです。

　それは例えば，「仏さんを拝みたい」が，一部子音を発音しないと，「おとえはんお，おあみあい」となるわけです。そこで，お年寄りと接する仕事をする人は，この子音を抜いたしゃべりの聞き取りの練習が必要になるのです。自分1人で，子音を抜くとどのようになるのか発音してみたり，またスタッフ同士で発音して何をいっているのか聞き取りの練習をすることで，ヒアリングの能力は向上し，お年寄りのいわんとしていることが理解しやすくなります。

⑥　ちょっとした時間にも話を聞くときの「3つの注意点」を使って

　回想法を実施するのは長い時間もかかり，準備も必要で，そうたびたび実施することはできないでしょう。それで普段から先に述べた「3つの注意点」❶受容する，❷共感して聴く，❸誉める，の3つの技法を使ってお年寄りと接してみましょう。カウンセラーになったつもりで，この技法を生かして接遇してみましょう。そのような接し方をすると，相手を尊重し，相手のことを受け入れているように感じさせますから，痴呆のお年寄りを満足させるでしょう。

　特に重度痴呆の人の場合，レクリエーション援助実施の時間や回数や間隔は，体調や排せつなどで予定通り実施できないことも多いのです。ですから，食事の介助のときの会話や，トイレに連れていったりするときのようなちょっとした時間でも，この「3つの技法」を使って話してください。今まで「変なことをいう」とか「ワガママばかりいう」と怒っていたり，制止したりすることを止めて，その人のいっていることをとりあえず受け入れながら話をしてみることです。それが，相手を尊重した話し方にもつながり，習慣になります。また，お年寄りの心をつかみ，お年寄りがスタッフを信頼するように変化することにより，スタッフもお年寄りのことを大切に思う気持ちが出てくるものです。

⑦ 集団での回想法の実践例

参加者は軽度から重度も交じった痴呆のお年寄り8人（女性6人，男性2人）。トイレなど緊急時のためスタッフは2人は必要。場所は面会者などの外来者や別のお年寄りが通行するホールで。ホールの中央に，机とイスを輪に並べて座る。本日のテーマは，「焼き芋」。参加者のすぐ近くにホットプレートを置き，弱火でじっくりとサツマ芋を焼き始める。サツマ芋は嚥下障害*の人のために，スティック状に切っておく。ナベには蓋などをして，芋を焼いていることをお年寄りに悟られないようにしておく。

スタッフ「みなさん，こんにちは」
無表情であいさつする人としない人がいる。
スタッフ「今日は10月1日です。秋ですね。秋のおいしい食べ物は何ですか」
A女「栗，柿」
スタッフ「そうですね。おいしそうですね。まだ秋のおいしい食べ物ありますか？」
B女「ぶどう」
C女「ぶどう好きや」
スタッフ「Cさんはぶどうが好きなんですね」
A女「私も好き」
スタッフ「Aさんもぶどうが好きなんですね。まだ秋のおいしい食べ物ありますか」
B女「サツマ芋」
スタッフ「そうですね。サツマ芋も秋のおいしい食べ物ですね。ここに畑で採れたサツマ芋がありますよ。先週，みなさんと畑に出かけて芋掘りしましたね。土を掘った人も，見ていた人もいましたね。Aさんは大きなサツマ芋を掘りましたね」
A女「こんくらい大きい芋だった」
スタッフ「ほらまだ，土がついている芋ですね」
みんな「サツマ芋だ」それぞれに，芋を見てつぶやいている。
スタッフ「みなさん，サツマ芋好きですか」
A女「大好き」他の参加者もそれぞれ，「おいしい」とか「好き」などといっている。
D男「わしの家でも芋は毎年植えている」
スタッフ「Dさんちの畑でも作っているのですか。毎年どれくらい植え付けをしていましたか」
D男「芋はちょこっと作っていた」
スタッフ「どのように料理して食べるのが好きですか」
A女「やっぱり，サツマ芋は焼き芋にするのが一番おいしい」
スタッフ「焼き芋ですか。おいしそうですね。他にはどんな風にして食べますか」
B女「てんぷら」

スタッフ「芋天もおいしいですね。Dさん，サツマ芋料理は好きですか」
D男「ああ」
スタッフ「Eさん。芋好きですか」
E女「私も大好きですね」
スタッフ「Eさん小さい頃，おやつにサツマ芋を食べましたか」
E女「うちは姉や兄がたくさんいましてね。母が毎日のおやつを苦労しておりました」
B女「うちは子沢山だったから子どもに食べさせるのは苦労したね」
スタッフ「昔はどこのうちにも子どもがたくさんいましたからね」
C女「うちも子どもが3人や。うちの子はみんないい子や」と，大声で叫ぶ。
A女「うるさい。静かにして」とCを小突く。
スタッフ「戦争中にはお芋をよく食べましたか」
A女「戦争中は毎日芋ばっかし食べさせられた」
B女「うちは農家だったけど，家族が多くて芋ばっかし食べてたね。昔の芋は水っぽかったね」
スタッフ「そうですってね。昔の芋は大きいばかりで水っぽかったそうですね。それに比べて今の芋は品種改良されておいしいですね」
D男「芋は焚き火で焼くとおいしい。時間がかかるけど。子どもが待ちきれずに，まだかまだか聞いてね」
スタッフ「焚き火で焼くとおいしいでしょうね。Fさんも焼き芋好き？」
F女「ああ好きだね」と答えたが，話の内容は理解していないようである。
スタッフ「Hさんもお芋好き？」
H男「ああ」耳元で質問を繰り返した後で，やっと小さな声で答えた。質問の内容は理解できる。

サツマ芋の焼ける匂いは，みんなを幸せな気持ちにする

――次第に，ホットプレートからサツマ芋の焼ける匂いがしてきた――
Ａ女「何か匂いがする。芋の匂いだ」
スタッフ「いい匂いがしてきましたね。実はこの電気の鍋でサツマ芋を焼いています。そろそろ焼けてきましたね。芋は味もいいけど匂いもいいですね」
Ｃ女「いい匂いだ。おいしそうだ。早く食べたいよ」
スタッフ「焼けて食べられるようになったらＣさんにすぐにあげますから，Ｃさんもう少し待ってくださいね」
Ｃ女「本当か。ありがと，ありがと，うれしいわ」
スタッフ「Ｃさんも子どものために焼き芋作った？」
Ｃ女「焼き芋はおやつでよく作ったね。うちは子どもが３人もいたからね。うちの人も芋好きだよ」
スタッフ「Ｇさんも子どものおやつに焼き芋作った？」
Ｇ女「ええ？」
スタッフ「子どもに焼き芋作ってやった？」
Ｇ女「作った」
Ａ女「うちは娘にスイートポテトを作りました」
スタッフ「Ａさんすごいね。スイートポテトなんてしゃれてるね。Ｅさんは都会に住んでいらしたからケーキ屋さんなどでスイートポテトなんかよく食べられましたか？」
Ｅ女「食べましたね」
スタッフ「そろそろ芋が焼けましたかね。見てみますね」

　焼けているのを確かめ，芋を皿に取り，熱いままみんなの皿に出す。好みを聞いて，熱いお茶やコーヒー，紅茶なども出す。そして喉に詰まらないように十分注意をしながら食べてもらう。お代わりの芋が焼けるのが待ちどおしくて，皿を持って立ち上がりホットプレートのところまで取りに来る人がいる。

　一度に大量には焼けないので，「まだ？」「早く」とか「焼けたか見てみますね」とか「これはもう食べれるな」などとにぎやかな声を響かせながら，少しずつ食べていく。

　そばを通る別の高齢者やスタッフなどは匂いを嗅ぎ，焼き芋をうらやましがり，食べている人々に「いいね」「おいしそうだね」「ほしいな」などの声をかけていく。周りの人に羨ましがられ，それで，参加者はよけいにおいしく感じているようである。

　この「サツマ芋」というテーマによる回想は参加者のほとんどに楽しんでもらえるので，いくつかの施設と病院で何回も同じプログラムで実施しました。匂いと味がそれぞれの人の記憶にある芋の思い出を刺激して，本当にほのぼのとした雰囲気を醸し出すようです。内容を理解しよくしゃべる人，内容はわかっているがほとんどしゃべらない人，内容はわからずしゃべっている人，雰囲気だけを楽しんで参加している人など，様々ですが，参加した全員

がその場の雰囲気を楽しんでいました。

　回想法は、このように芋の他、写真、昔の遊具などのような小道具を用いることで、思い出す手助けになります。その中でも、食べ物を用いることは、みんなが喜ぶことなのでなるべく度々行うことがよいのですが、誤嚥*（ごえん）に注意して実施する必要があります。

> ●語句の説明
>
> *嚥下障害（えんげしょうがい）
>   嚥下（飲み下したり、飲み込むこと）ができにくくなること。症状としては誤嚥する、むせる、せき込む、痰がからむなどで、ひいては窒息、嚥下性肺炎など生命の危機につながることもある。むせながら食べていても適切な対策がなされていないところがあったり、訓練や工夫により口から食べられる可能性があるのにもかかわらず、手軽に経管栄養*としているところもある。
>
> *誤嚥（ごえん）
>   飲食物やつばなどが食道ではなくて、気管の方へ入ってしまうこと。また入れ歯などの異物を呑み込んで詰まることもある。窒息の危険があるので、素早く異物を取り除くことが必要である。誤飲ともいう。
>
> *経管栄養
>   口で直接食べ物を食べることができないときに、チューブで流動食を消化管に送り込むこと。

2　音楽を用いたレク

　音楽を用いたレクとは、例えば和太鼓、マラカスやカスタネット、鈴などの簡単な楽器を演奏したり、拍子を取りながらみんなと一緒に楽しく歌を歌ったりすることで幸せな気分を持つレクのことです。好きな音楽や歌はどんな人の心にも染み込んでいきます。たとえ重い痴呆があっても、その人その人により反応の仕方は違っていても、それぞれの心の中に訴えるものがあります。したがって、病院や施設で音楽を用いることはとても有意義なことだと思います。

　しかし注意しなくてはならないことは、それぞれの痴呆の程度が違い、それぞれの生育歴や環境の中での音楽の内容が違うので、「この音楽を用いてみんなが喜んだから、次の人にもきっと喜んでもらえる」というものではないということです。同じような年齢の高齢者でも、美空ひばりや春日八郎などの演歌が好きな人がいるかと思えば、「僕はシンフォニーしか聴かないよ」という人もいるのです。そして痴呆のレベルや状態により、楽器は無理だったり、手を握るなどのスキンシップをしていないと歌えなかったりと、個人個人で楽しめる内容が違います。しかし、音楽を用いるときは、1人1人対応するよりも集団で行うほうがよい雰

囲気になりますので，曲目はみんなが楽しめそうな歌などを，用いればよいでしょう。集団での対応で，しかも個に応じた対応ができる最大の人数は10人くらいで，レク担当者の人数が複数になってもせいぜい20人くらいまでです。これ以上になると，必ず仲間に入れない人が出てきます。

次の朝日新聞「ひととき」の記事は私の音楽によるレクのひとこまです。

●歌うってすてき●

食堂の片隅で，高齢によるぼけ症状が進んだTさんが，床にいすをガンガンと打ち付けている。介護職員が注意すると，「あなたは何の権利があって，そんなこと言うんですか」と険しい顔で怒り始める。

私は昨年夏から週2回ずつ，精神病院の痴ほう病棟に，レクリエーション指導をするために通っている。集まるのは入院しているお年寄り20人ほどだ。

Tさんは，起き抜けが特に機嫌が悪く，履物を手に取り，水道の栓などを打ち付ける。止めようとすればするほど，激しい興奮状態になるので，たいていはそのまま続くことになる。

そんな彼女も，食堂の中に私の歌う歌が流れると，様子が一変する。ガンガン打ち付けていた音が，「春の小川はサラサラ行くよ」のリズムに変わる。

表情もやわらぎ，歌の輪の中に入ってくる。

車いすのRさんは，体の自由が利かない。周りが歌っている間中，「アホがうつる」などと言っては，大声で悪態をついている。ところが彼女も，「蛍の光」の歌が始まると突然，大きな声で歌い始める。

私はレクリエーション指導に通うようになって，歌の持つ力を改めて思い知らされるようになった。

残された人生，ニコニコして生きられることが，一番必要なことではないか。それが「幸せ感」につながるのではないかと思う。

心の琴線に触れ，それを響かせるようなレクリエーションを探したい。

朝日新聞「ひととき」98年2月3日より

---

① 人数

いろいろな施設や病院で音楽療法と称するものを見学することがあります。50人や100人の人数のお年寄りが座り，音楽療法士が全員に聞こえるようオペレーターのようなマイクを頭に付けているのを見ます。200人から300人という患者さんがおり，作業療法士やレク担当者が4〜5人というところではこのように100人や150人の患者さんを一堂に集めて実施しないとなかなか全員に対応できないという現実があるのかもしれません。

仕方なく大人数のレクを実施しているところでも，並行して少人数を対象にしたり，個人を対象にしたりする実践も是非していきたいものです。どの場合もそうですが，痴呆の人々の心に何かを訴えたいと意図するときは，マイクを通さず，肉声を用いるほうがよいと思います。それは，まず第一に，拡声器を通した声は騒音のように聞こえているのではないかと感じますし，第二に，マイクを使わねばならないような人数では多すぎるからです。時々顔をのぞき込んだり，肉声が通るようなせいぜい5人から多くて20人くらいの少ない人数であるほうがよいのです。少人数ということは，お年寄りと目を合わせ話をしながら進めていけますし，伴奏はむしろない方が，言葉に集中しやすいのでよいかと思います。

② どんな歌をどのように歌ったらよいのか

歌の種類は，やはり今まで慣れ親しんだ歌が一番です。実施者は「毎週同じ歌を歌うのは飽きてしまう」と考え，「たまには新しい曲や珍しい曲も入れなくては」と思うかもしれませんが，むしろ反対です。お年寄りの場合，若い頃から何回も歌った歌であるからこそ，心に響くのです。そして何回も繰り返すことで，かえって安心する人も多いのです。

歌集や歌詞カードを使っているのをよく見かけます。軽度痴呆の人には役立つこともありますが，重度痴呆の人にはないほうがよいでしょう。見ながら歌うことはたいへん難しいことです。模造紙などに歌詞を大きな字で書いて前で見せることをしても，重度痴呆の人は見ません。みんなが知っている曲の，しかも１番だけを２回歌うことをおすすめします。

また，お年寄りは声が低くなってくるので，実施者がちょうどよいと考えるよりも，だいぶ低いキーで歌うことが必要です。そのためにも，伴奏はないほうが便利なようです。

美空ひばりの歌はほとんどの高齢者が大好きな歌です。かなり痴呆の重い人でも，美空ひばりの歌なら「知ってる歌だな」とわかるようです。実施者はたいてい痴呆の高齢者より年齢が若く，知らない歌が多いので，年配の人に教わったり，楽譜を見て練習するとよいでしょう。

演歌や流行歌の他に童謡もお年寄りは好きです。民謡のリズムも，お年寄りには手拍子を入れやすく，しっくりとくるリズムですので取り入れるとよいでしょう。また現在のお年寄りはほとんどが戦前に育った人たちですから，「音楽など知らない」という人でも，卒業式などで「君が代」「日の丸」「仰げば尊し」「蛍の光」，そして軍歌などは何回も歌わされていますので，これらの歌も痴呆のお年寄りには受け入れやすい歌でしょう。

♪痴呆のお年寄りが好む歌♪

リンゴの歌，白い花が咲く頃，鐘の鳴る丘，ここに幸あり，二人は若い，青い山脈，岸壁の母，お富さん，南国土佐を後にして，ラバウル小唄，蛍の光，仰げば尊し，日の丸，君が代，お正月，もしもし亀よ，金太郎，桃太郎，みかんの花咲く丘，富士山，春よ来い，春の小川，茶摘み，鯉のぼり，背比べ，赤とんぼ，冬の夜，村祭り，里の秋，雨，雪，村の鍛冶屋，汽車，肩たたき，メダカの学校，七つの子，めえめえ児山羊，炭坑節，ソーラン節，斉太郎節，他

昔懐かしい歌が流れると，自然に声が出てくる

3 体操・身体を動かすレク

　痴呆のお年寄りに限らず，お年寄りは若い人と違って運動量が少なくなるので，筋肉の力も弱くなり，身体の動きが悪くなります。車イスやストレッチャーで移動している人は体を動かす機会が少なくなってきます。しかし最近は，90歳を過ぎたような超高齢者でも，運動を続けることにより，体力が向上することがわかってきました。自分の意思で少しでも身体を動かすことができる人は，なるべく動かす機会を作ることが必要です。また運動は無理でも，ただ寝ているだけでなく，起きる，座る，移動するというような生活の基本動作も，体力を維持する運動と捉え，なるべく起きている時間を増やしたりしましょう。

　冬などスタッフが半袖で作業しているようなときでも，寒さにとても敏感で驚くほどの厚着をする人がいます。そのような人を観察してみると，自分から進んで何かをするよりも，暇だと寝てばかりという運動量の少ない人です。寒いからとまたベッドにもぐることになり，その結果余計に活動が少なくなり，だんだんと痴呆が進んでしまいがちです。ふだんから活動量が少ない人は，何か理由を付けて散歩などの活動に誘い，活動の楽しさを味わってもらいたいものです。

① 風船バレーボール

　風船バレーボールとは，風船を用いてバレーボールに似たゲームをすることです。真ん中にバドミントンなどのネット（ネットがない場合は両サイドで紐を持つだけでも可能）を作り，だいたいのコートの大きさを決めます。そこに，片側4人から6人の人がイス（または車イス）に座って並び，その態勢でローテーションなしのバレーボールのゲームをします。相手側のコートに風船が落ちたら得点。そしてあらかじめ決めてあった得点を取得した側が勝ちになるのです。これが「風船バレーボール」といわれているものです。ラリーが続くというより，返球ができたとか，失敗したことがおもしろさですので，ルールは柔軟に考えればよく，何回までに相手側に返球せねばならないかは，別に決めなくてもよいでしょう。しかし何点とれば勝ちか，何セットするか，人数などは決めておくほうがよいでしょう。

② 風船バレーボールの応用

重度痴呆のある人の多くはこの風船バレーボールもできません。しかし痴呆の程度や身体の動きのレベルに合わせて，方法やボールなどをいろいろ変化させていくことで，かなり多くの人に対応できます。

❶ 風船を大きいものに変える

大の風船とは，膨らます前の大きさがだいたい，縦20センチ×横15センチ以上のものです。この風船だと重さと体積が大きく，空気の抵抗も大きいので目的のところにゆっくりと到達しやすく，打ち返しやすいという利点がありますが，値段が高いというのが欠点といえましょう。郵便局や銀行などでおまけにもらったりする小さめの風船は軽いので思うようなところに行きにくいという特徴があります。これらの特徴は欠点にも利点にもなりますので，その特徴を生かして使い分けてください。

円陣を組んでの風船バレーボール

❷ ルールを変える

ルールの応用はまず，①間のネットを用いる場合（図1）と，②ネットは用いずに丸く座って円陣パスをする場合（図2）と，③レクスタッフと高齢者とが相対して打ち合いをする場合（図3）があります。その人の状態やレベルに応じてルールなどを変えてみましょう。

風船バレーのバリエーション

①ネットを用いての風船バレー

②円陣パスの風船バレー
イスに座った人同士でパスする
スタッフは円陣のどこかに入る

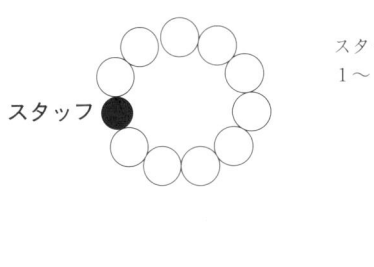

③スタッフと高齢者が相対して打つ風船バレー
スタッフとの間は1〜2メートル
隣の人との距離は1メートル以上離れる

図1　　図2　　図3

❸ ラケットで打つ

　小さな風船の場合，なかなか目的の場所に行かないので，特製のラケット（図4）を用いると楽しめます。③は図のように丸く座っている場所の1人1人の間を1メートル以上あけて座ります。そしてレクのスタッフが真ん中に立って，その人に向けて風船を打ちます。1人当たり5回くらい風船を打ち，納得のいく返球をしてもらいます。これだとラケットで打つため勢いがつき，小さな風船でも十分楽しむことができます。

〈ラケットの作り方〉
① ペンチなどを用いて針金ハンガーの形を変える
② 使い古しのストッキングのAの部分を切り取る
③ 上と下のほつれている部分を結ぶ
④ 持ち手になる部分に葉書など厚紙を巻き，ガムテープなどで止める

ハンガーとストッキングで簡単に作れますので，たくさん作っておくと便利です。

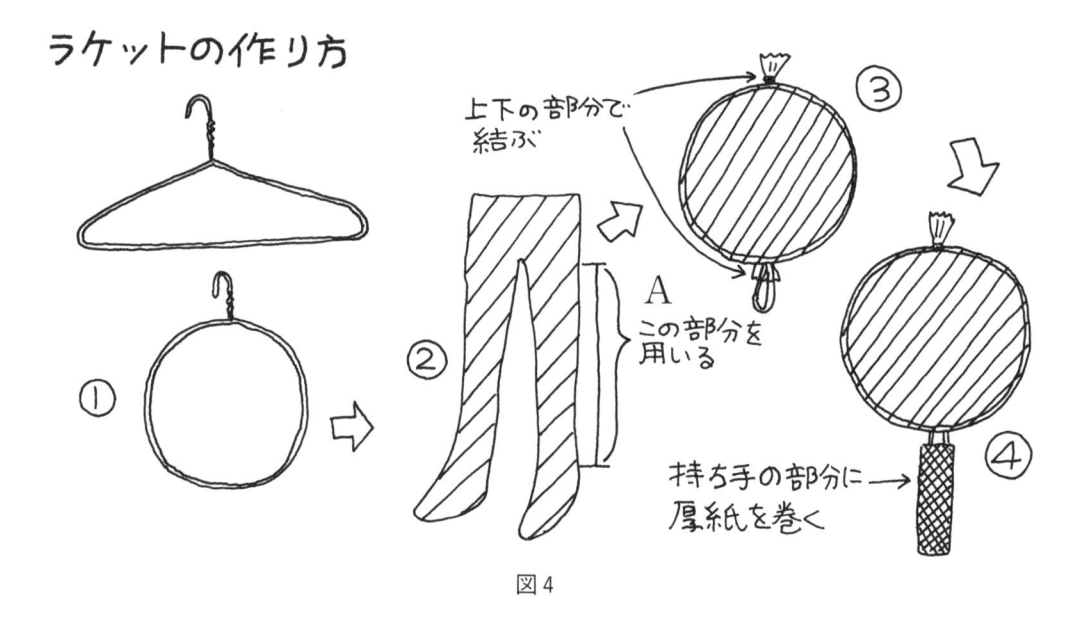

図4

〈風船の求め方〉

　小さな風船はおもちゃ屋さんや，文房具店などにありますが，膨らます前の大きさが縦20センチ×横15センチ以上の大きなものはなかなか手に入りません。おもちゃ小売店では1個300円，おもちゃ問屋では100〜200円くらいと，だいぶ店により価格が違うので，何軒か調べて購入しましょう。

4 パネルシアター・紙芝居

① 紙芝居

紙芝居やパネルシアター*などは，かなり痴呆の重い人にも楽しめます。しかし，どんなものでもよいというわけではありません。図書館などに行くと，子ども向けに多くの紙芝居がありますが，子ども用だからといって理解しやすい内容であるわけではないのです。お年寄りが昔からなじんできた「舌切り雀」や「桃太郎」「金太郎」などもあるのですが，その中身が痴呆のお年寄りにふさわしくないことがあるのです。ふさわしいかどうかは中身を読んでみればすぐわかります。

紙芝居やパネルシアターの登場人物は顔が大きい方がわかりやすい

例えば，絵が芸術的にデフォルメ（事実と違う形にして表現すること）されていたり，人物が8頭身の小顔に描かれていたりすると痴呆の人にはかえってわかりにくくなります。芸術的ではないけれど，お年寄りには2.5頭身くらいの頭でっかちで目がぱっちりのこけし顔などがわかりやすいようです。ストーリーも長いものは集中できず，紙芝居なら全頁で10頁程度が限界で，単純でよく知られているあらすじのものがよいのです。

複雑でふさわしくないあらすじの例として，次のようなものがあります。紙芝居の「舌切り雀」です。意地悪おばあさんに追い出された雀をおじいさんが追っていく場面で，「雀のお宿」の場所を牛洗いの男に尋ねると，「この桶にある牛の洗い汁を7杯飲めば教えてやる」といわれて飲み干します。そして次の場面では，馬洗いの男にやはり「この桶にある馬の洗い汁を7杯飲めば教えてやる」といわれて飲み干す，というのが出てきます。このような複雑な場面が出てくると痴呆の人たちはあらすじがわからなくなり，集中できなくなってしまいます。その点，自作の大きな紙芝居は，作るのは大変ですが，絵もストーリーも条件にあったものが作れるので理想的です。

② パネルシアター

パネルシアターとは，パネルをフランネルの布で張り，それを舞台にします。そして，専用の不織布で登場人物や背景や小道具などを作り，パネルの舞台で貼ったり，剥がしたりして話を進めていくものです。市販の完成品や，下絵が描いてあり切って色を塗る半完成品，不織布に自分で下絵を写し色を塗って切るものなどもあります。

パネルシアターはもともと幼稚園などの保育の場面で使い始めたものなので，市販の完成品などは幼児向けの内容のものが多いようです。もし絵心があればどんなものでも作ること

ができます。また，手作りするためには下絵が描かれた本が販売されており，作り方などもその本に載っているので手作りも容易にできます。また，市販の完成品と半完成品の中で，痴呆の高齢者に使えそうなものは，おなじみの昔話の「かさじぞう」「猿カニ合戦」「お団子ころころ」「どっこいしょ団子」「一寸ぼうし」「へこき嫁様」などがあります。

　パネルシアターは，紙芝居より見ている人の反応を見てアドリブなどを入れながら演じることが容易なので，より痴呆の人の心に訴えやすいものでしょう。

　紙芝居にしても，パネルシアターにしても，痴呆の人はちょっと前のことを忘れてしまうので，「これは喜んでもらえる作品だ」と思ったら，何回でも見てもらうとよいのです。筆者はパネルシアターの「かさじぞう」を自作し，痴呆の人々に何回も見てもらっていますが，ちょうど旬である冬だけでなく，夏でも春でもそのたびに「お地蔵様はありがたいものです」と涙を流して感動してもらっているのです。

　なお，パネルシアターの型紙の載っている本などは図書館などにもあります。パネルシアターの既製品の作品や手作り用の材料や本などについての参考資料を，本章末尾に掲載しました。

〈パネルシアター「かさ地蔵」〉　（場面一部省略）

①場面

　むかしむかしあるところに，お爺さんとお婆さんがいました。2人とも優しく，働き者でしたが，暮らしはちっとも楽にならず貧乏でした。

②場面

　向こうから女の人が歩いてきました。「おねえさん，笠いらんかね」「悪いね，笠なら家にあるからいらないよ。大晦日で忙しいからごめんよ」と行ってしまいました。あたりは暗くなってきましたが，笠は1つも売れません。

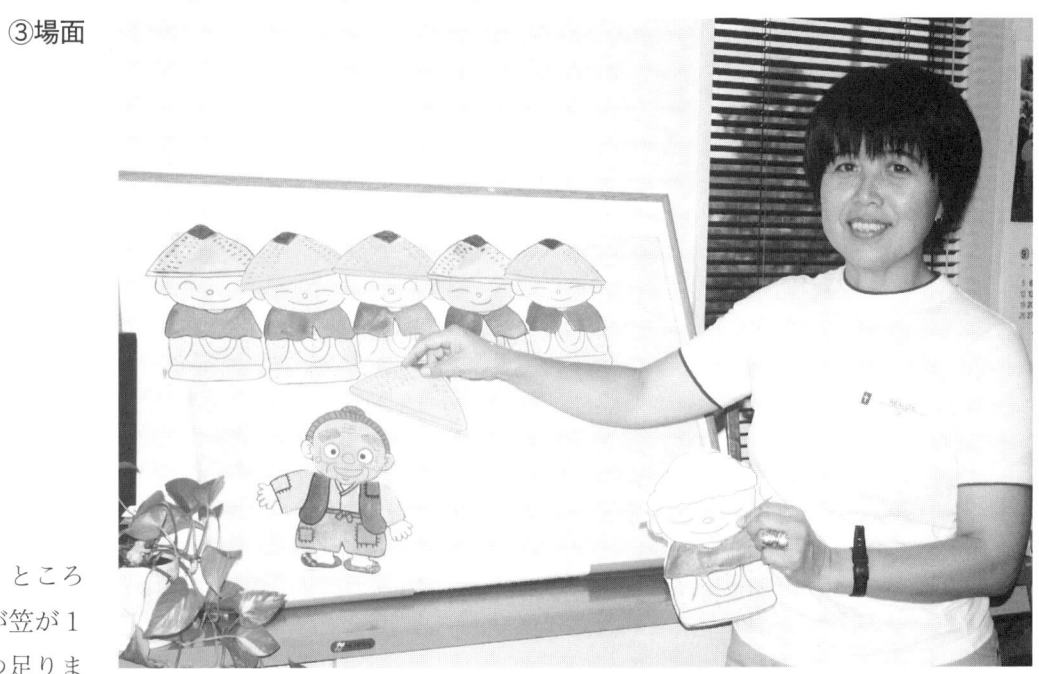

③場面

　ところが笠が1つ足りません。「おおそうじゃ。お地蔵様，わしの笠で古くて申し訳ないが，わしの笠をかぶってくだされ」とお爺さんは自分のかぶっていた笠をお地蔵様の頭にかぶせてあげました。

④場面

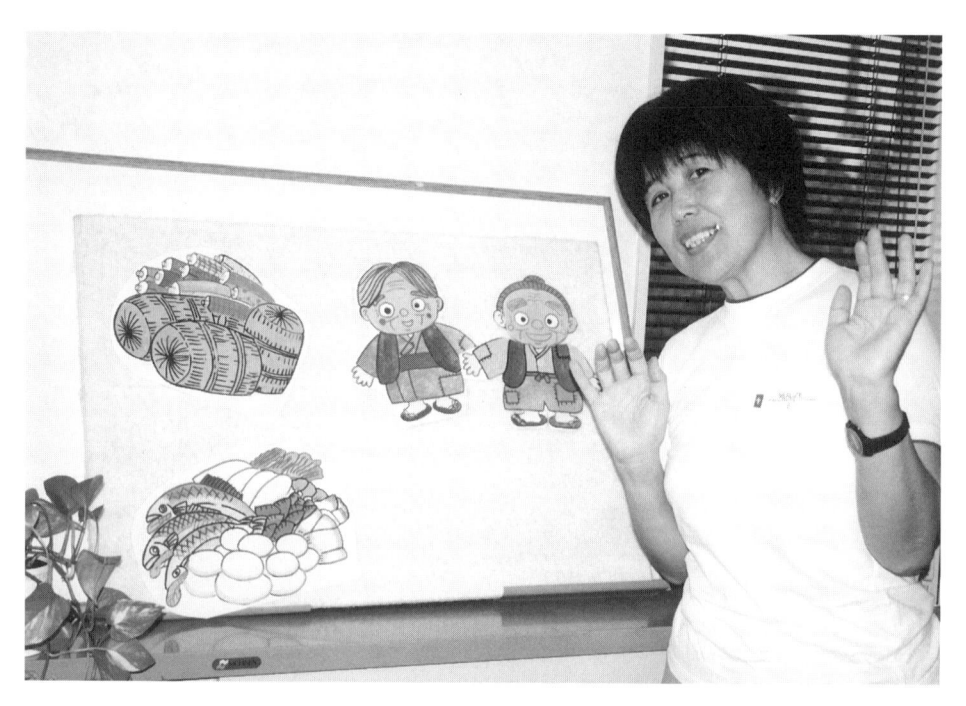

家の外には，米，野菜，魚，餅などの食べ物と，色とりどりの織物が置いてありました。
「だれがこんなたくさんの食べ物や反物をくださったのじゃろう。いったい誰が……」

パネルシアターの資料

《型紙と作り方掲載のもの》
- 「金太郎」掲載は安部恵著『パネルシアターセレクト２』東洋文化出版。

《印刷された不織布を切り取るだけで使えるもの》
- 「サルとカニ」掲載は安部恵著『さるとかに・たまごがごろん』㈱メイト。
- 「どっこいしょ団子」掲載は安部恵著『どっこいしょだんご・まほうのそうがんきょう』㈱メイト。
- 「お団子ころころ」掲載は安部恵著『おだんごころころ・おふろだいすき』㈱メイト。
- 「一寸法師」掲載は安部恵著『いっすんぼうし・だれのぼうしかな』㈱メイト。
- 「かさ地蔵」は古宇田亮順他著『パネルシアター名作選②かさじぞう』㈱メイト。

5　いろいろな技法を用いた実践例

〈例１　歌を歌いながらちょっとした回想をする場面〉
スタッフ「今日はもう３月です。３月といえばもうそろそろ卒業式ですね。みなさんの若い頃にも卒業式には『仰げば尊し』と『蛍の光』を歌ったのですか」
「そうね」という人や，無関心な人もいる。

II 具体的な援助技術

スタッフ「では一緒に歌って下さい。1,2の3」
『仰げば尊し』の1番を2回ずつ歌う。
スタッフ「いい歌ですね」
入所者「いい歌やね」
スタッフ「みなさんの卒業式にはどんな服装で行ったのですか」
入所者「いつもの服」
入所者「袴をはきました」
スタッフ「それはAさんが学校の先生をされていたときですね」
入所者「はい」
スタッフ「みなさん卒業式で卒業証書をもらいましたか。どんな風に校長先生の前に出て卒業証書を頂いたのですか」
入所者「校長先生の前に行って,おじぎをするんだ。それから手を出して……」
スタッフ「あら,私の卒業式のときも同じようにもらいましたよ。同じですね。私たちは式が近づくと練習をさせられましたけど,Bさんもこんな練習しましたか」といいながら校長先生から受け取る仕草をする。
入所者「はい。しました」
スタッフ「では,次はやはり卒業式で歌った『蛍の光』を歌いましょう」といって1番を2回歌う。

〈例2 ちょっとした回想をしながら歌を歌う場面〉
スタッフ「あら外は雨が降ってきましたね。『雨雨ふれふれ母さんが……』という歌を歌ってみましょうか」
『あめふり』の1番を2回歌う。
スタッフ「この歌はお母さんが傘を持ってお迎えに来てくれた歌ですね。私の母は,雨が降っても忙しくて絶対に傘なんか持ってきてはくれませんでしたね。Aさんのお母さんは雨が降ったとき傘を学校まで持ってきてくれましたか」
入所者「いつも持ってきてくれましたよ」
スタッフ「いいですね。うらやましいわ。Bさんのお母さんは雨が降ったときに学校まで傘を持ってきてくれましたか」
入所者「畑があったから」
スタッフ「来てくれなかったのですね。私と同じですね」

〈例3 歌いながら体を動かす実践例〉
　重い痴呆の人は,大人数だとついていけないことが多いようですが,少人数ならば,歌を歌ったり,音楽に合わせて身体を動かすことができる人がいます。それでもできない人は,

スタッフが隣に座ったり,目と目を合わせたりしてみてください。それでできるようになるかもしれません。次はその1例です。

人数は10人まで。スタッフは排便や,その他,危険を避けるため最低2人は必要。イスを用意し,円座になって座る。伴奏はないほうがよい。指導スタッフは,不安な人や,歌に集中できにくい人の側に座り,必要に応じてその人の背中をさすったり,手を握ったり,目と目を合わせたりしながら実施する。

スタッフ「みなさんは『幸せなら手をたたこう』を知っていますか？ では歌いましょう」
「幸せなら手をたたこう」を1回歌う。そのとき,歌の「手をたたこう※※」の※※の部分でスタッフが手を叩くと,軽い痴呆の人は自然に手を叩いて参加している。
スタッフ「ではみなさん,ももを叩いてみましょうか」
パン,パン,パン,パンとももを叩く練習をする。
「ではこれに合わせて『幸せなら手をたたこう』を歌ってみましょう」歌の最初からももを叩いて,※※の部分は手を叩きながら,同じ方法で2回歌う。
スタッフ「では,次は隣の人の手を握ってみましょうか。はい,握りましたね。隣の人の手は温かですか。友だちの手を握るのってうれしいですね。それで,握った手を振りながらもう一度『幸せなら手をたたこう』を歌いましょう。こんどの歌は,幸せなら手を握ろうですよ」
※※の部分は手を叩き,やはり2回歌う。
スタッフ「この歌はお友達と手を握れて楽しい歌ですね。次は,何の歌を歌いましょうか。……次は,『お手手つないで』を歌ってみましょう。やっぱり隣の人と手をつないだままでね」
手をつないだまま『お手手つないで』の1番を2回歌う。
スタッフ「みなさんどうですか。隣の人と手をつなぐって楽しいですか」

最初はとまどっても,周りの人につられて拍手をするようになることもあります

参加者は口々に「楽しい」といったり，つないでいる手を振ったりしているので，手をつなぐことを楽しんでいる様子が伝わってくる。片マヒの人は片方しかつなげず，その隣になった人は困っている。また，まったく手をつなぐことに無関心の人もいる。スタッフは無関心の人の隣に座り話しかける。

スタッフ「ちょっと手を触らせてね。あれ冷たいね。こうして手をこすってみましょうか。ほら，温かくなってきた？」
レク参加者「あったかーい。気持ちいいわ」
スタッフ「さあ，温かくなってきたところで，お隣の人と手をつないで歌いましょう」

ただ歌を歌うより，歌いながら手を叩いたり，隣の人と手をつないだりすると，より楽しめます。一斉に「手をつないでください」とスタッフがいっても，痴呆の人でつなぐ動作をしない人は，スタッフの言葉が伝わっていないことも多いようです。そういう場合は，そばに行き，目を見つめて話しかけたり，または背中をさすりながら話しかけたりするとわかることもあります。

民謡のリズムは，日本人がのりやすい

　身体と身体をくっつけて歌ったり，話をしたりすることは，お互いの体温を感じ，仲間同士の温もりが伝わるのでしょうか。お年寄りはこのようなスキンシップをとても喜びます。
　また歌うときに，リズムに合わせて手や足を動かすこともたいていは快い感じを持てます。童謡などの他，『炭坑節』や『ソーラン節』『斉太郎節』などの日本の民謡のリズムは，日本独特のリズムで，いつも歌わない人でもこのリズムだけは上手に拍子を打つことができ，楽しめるようです。

6　初心者でもできるパターンでのレク

①　痴呆の人は変わったことよりも，同じことの繰り返しの方が安心する

　レクで，毎回同じ人を対象者として実施しているので，「同じことだと飽きるから，たまには別の新しいことを考えないと」と苦労しておられるでしょうか。痴呆の人は数分前にあったことも忘れていることが多いのです。だから，レクの内容を「次々に新しいものを」と無理に変える必要はありません。
　例えば，芋畑で大きなサツマイモを苦労して掘ったとしても，土だらけになった洋服を着替えてきたところで「さっきは汗をかいて大変だったね。サツマイモ大きなのがとれたね」

と話しかけても、痴呆の人は全く覚えていないことが多いのです。

では「毎日，同じことの繰り返しでも，新しいことに変えても同じか」というと，不思議なことにそうではないのです。よく，お年寄りが慣れない場所に引っ越しをすると痴呆が出る，といいます。同様なことで，例えば自宅にいた痴呆のお年寄りが入院したとき，入院してからしばらくの間，落ちつかず混乱して情緒不安定など，状態が悪くなることがあります。しかし，しばらくするとまた慣れて安定します。どうも痴呆の人は，新たなことは記憶できなくても，周りの状況に慣れて安心するということはあるようです。

私もいくつかの施設や病院などにレクに行っています。レクの時間にとても仲がよくなり，「私のこといつまでもお願いね」とか「うれしいわ。こんな親切な人，初めてよ」とかいわれて，信頼してもらえるのです。しかし次に行ったときには，顔を見せて挨拶しても，顔馴染みへのあいさつとは違い，初対面の人に対するあいさつを繰り返すのです。そこで私がレクに誘うと，レクに消極的な人も「待ってました」というようについてきてくれます。これは，田中という名前や細かい情報は記憶できないのですが，田中の顔を見ると「ああ，この人といると楽しいぞ」というムードだけは覚えているのではないかなと思われます。

したがって，レクのプログラムやスタッフなどは，新しいことばかりで混乱しないように，同じ顔ぶれの人が同じようなパターンでするのがよいと思います。つまり回想法にしても，歌の時間を持つときも，同じような始まり方で始まり，同じような手順で進めていき，同じ場所で，する内容も少し変えるだけで同じようなものがよいでしょう。

毎回，始まりに流すテープの音楽を同じものにすると，「ああ，また楽しい時間の始まりだぞ」というムードになり，終わりの歌を決めておくと「ああ，終わりだな」というムードになるのです。私は始まりの音楽は「美空ひばり」のテープを流し，終わりは「蛍の光」を参加者と歌っています。紙芝居や歌なども「いつも同じものばかりで申し訳ない」と思わずに，安心して同じものを繰り返し実施してください。

② パターンによるレクプログラム

次に紹介するのはレクのプログラムのパターンです。このパターンの項目にあわせてレクのプログラムを作ると，初心者でも簡単に計画が立てられます。

例えば，昼食前に30〜40分程度のレクプログラムを実施するときのレクパターンを考えてみましょう。

次頁の❶から❹までの部分に，当日用の歌や天気など細かいものを入れて計画を立てて実施します。この❶❷❸❹のパターンを実施すると30〜40分程度かかります。時間を長くしたいときは❷と❸の中身を増やせばよいでしょう。

❶の話のときに，カエル，カタツムリ，アジサイ，傘などの写真か実物があると，話の糸口が作りやすくなります。実物がないときは，図鑑などをカラーコピーすると便利です。

❷の歌は，何回も歌っていると痴呆のお年寄りも歌うのが上手になります。鈴やタンブリ

ン，マラカス，太鼓などが叩けるようになることもあります。

❸について，重度痴呆の人はなかなかゲームを楽しめないのです。しかし，できるものがあったら，それを毎回行ったらよいでしょう。また，輪投げで投げることはできるが，他人と競うことが理解できない場合があるので，無理に競わせないようにしましょう。

簡単なレクプログラムのパターン

	項目	具体的な例（ここの部分をその日の都合で変える）
❶あいさつと話	天気の話 季節の話	※お年寄りが集まるまで美空ひばりなどの曲を流しておく。 おはようございます。本日は6月10日金曜日です。今日は梅雨で，外は雨が降ってきました。足羽山公園にはアジサイが紫やらピンクやらの色で咲いていることでしょう。皆さんの家の庭にはアジサイが咲いていましたか。雨のときはどんな虫がいるでしょうね。子どもの頃遊んだ虫やカエルとカタツムリなどを思い出し，話してもらう
❷歌 ゼスチャーソング指遊びを入れてもよい	歌詞カードなしで歌える歌1番を2回	雨の話をしながら「でんでん虫」「あめふり」を歌う 子どもの頃の遊びを思い出しながら「故郷」を歌う 「幸せなら手をたたこう」を振りを変えて歌う 「炭坑節」「ソーラン節」「斉太郎節」などを手拍子で歌う
❸ゲームなど	風船バレー パネルシアター 輪投げなど	大きな風船を円陣でパスする または，紙芝居，またはパネルシアターをする 輪投げが楽しめるようなら輪投げをする
❹終わりの歌	話と 「蛍の光」を歌う	風船のバレーボール，楽しかったですね。身体を動かすと血のめぐりがよくなってきますね。さあ，もうすぐ昼御飯が用意できます。最後に「蛍の光」を歌って終わりにしましょう

III 個に応じた援助実践例

　次に6名のお年寄りについて個人的な対応例を述べます。痴呆の程度については、一応の目安として、痴呆の人の知的機能をはかる長谷川式簡易知能評価スケール（HDS-R）を載せました。また日常生活動作（ADL*）の程度を知る目安としてバーセルインデックス*の点数を示しました。しかし、痴呆というものは固定的なものでなく流動的なものであり、その人個人をとってみてもいろいろな側面があり、一概に決めつけられないところがあります。したがってこれら数値は、読者の皆さんが理解をするとき、一応の目安として対象者を見ていただきたいのです。

●語句の説明

＊長谷川式簡易知能評価スケール

　日本でもっとも頻繁に用いられている知能を判定するスケール。略して（HDS-R）という。実施に要する時間はおよそ5分程度。図形や文字を書かせたり、動作をするようなテストは取り入れられていない。9項目の質問によりなっており、満点は30点、20点以下は痴呆の疑いを持ってよいとされている。

＊ADL（Activities of Daily Living 日常生活動作）

　1人の人間が独立して毎日の生活をするために行う基本的な、しかも各人ともに共通に繰り返される一連の身体動作をいう。具体的には、①身の回り動作（食事、更衣、整容、トイレ、入浴）　②移動動作　③その他の生活関連動作（家事動作、交通機関の利用等）がある。

＊バーセルインデックス（Barthel index）

　日本で最もよく知られたADL評価表であるといわれているもの。時間をかけずに評価が可能で、定量も簡単にでき、結果の解釈も容易なスタイルであるといわれている。この評価表の特徴は、①自立度の程度を評価している　②各項目の得点は同じではない。つまり重みつけがされている　③100点満点で評価される。

テストは、あくまでも目安にすぎない

改訂　長谷川式簡易知能評価スケール（HDS-R）

1	お歳はいくつですか？　（2年までの誤差は正解）			0	1	
2	今日は何年の何月何日ですか？　何曜日ですか？ （年月日，曜日が正解でそれぞれ1点ずつ）		年	0	1	
			月	0	1	
			日	0	1	
			曜日	0	1	
3	私たちがいまいるところはどこですか？ （自発的にでれば2点，5秒おいて家ですか？　病院ですか？　施設ですか？ のなかから正しい選択をすれば1点）			0	1	2
4	これから言う三つの言葉を言ってみてください。あとでまた聞きますので よく覚えておいてください。 （以下の系列のいずれか1つで，採用した系列に○印をつけておく） 　1：a）桜　b）猫　c）電車　2：a）梅　b）犬　c）自動車			0 0 0	1 1 1	
5	100から7を順番に引いてください。（100－7は？，それから また7を引くと？と質問する。最初の答えが不正解の場合，打ち切る）	（93） （86）		0 0	1 1	
6	私がこれから言う数字を逆から言ってください（6－8－2， 3－5－2－9を逆に言ってもらう。3桁逆唱に失敗したら，打ち切る）	2－8－6 9－2－5－3		0 0	1 1	
7	先ほど覚えてもらった言葉をもう1度言ってみてください。 （自発的に回答があれば各2点，もし回答がない場合以下のヒントを与え正 解であれば1点）　　a）植物　b）動物　c）乗り物			a：0 b：0 c：0	1 1 1	2 2 2
8	これから五つの品物を見せます。それを隠しますのでなにがあったか言って ください。（時計，鍵，タバコ，ペン，硬貨など必ず相互に無関係なもの）			0 3	1 4	2 5
9	知っている野菜の名前をできるだけ多く言っ てください。（答えた野菜の名前を右欄に 記入する。途中でつまり，約10秒間待って もできない場合にはそこで打ち切る） 0～5＝0点，6＝1点，7＝2点，8＝3点， 9＝4点，10＝5点			0 3	1 4	2 5
			合計得点			

（出典）　長谷川和夫監修『痴呆　予防と介護』PHP研究所，1997年9月

Barthel index およびその判定基準

	自 立	部分介助	全 介 助
1．食 事	10	5	0
2．移 乗	15	10〜5	0
3．整 容	5	0	0
4．トイレ	10	5	0
5．入 浴	5	0	0
6．歩 行	15	10	0
（車いす）	5	0	0
7．階段昇降	10	5	0
8．着替え	10	5	0
9．排 便	10	5	0
10．排 尿	10	5	0
合計点	（　）点		

食 事
　10：自立。自助具などの装着可。標準的時間内に食べ終える
　5：部分的介助（例えば，おかずを切って細かくしてもらう）
　0：全介助

車いすからベッドへの移乗
　15：自立。ブレーキ・フットレストの操作も含む（歩行自立も含む）
　10：軽度の部分介助または監視を要す
　5：座ることは可能であるが，ほぼ全介助
　0：全介助または不可能

整 容
　5：自立（洗面，整髪，歯磨き，髭剃り）
　0：部分介助または全介助

トイレ動作
　10：自立。衣服の操作，後始末を含む。ポータブル便器などを使用している場合はその洗浄も含む
　5：部分介助。体を支える，衣服・後始末に介助を要する
　0：全介助または不可能

入 浴
　5：自立
　0：部分介助または全介助

歩 行
　15：45m以上の歩行。補装具（車いす，歩行器は除く）の使用の有無は問わない
　10：45m以上の介助歩行。歩行器使用を含む
　5：歩行不能の場合，車いすにて45m以上の操作可能
　0：上記以外

階段昇降
　10：自立。てすりなどの使用の有無は問わない
　5：介助または監視を要する
　0：不能

着替え
　10：自立。靴，ファスナー，装具の着脱を含む
　5：部分介助。標準的な時間内，半分以上は自分で行なえる
　0：上記以外

排便コントロール
　10：失禁なし。浣腸，座薬の取り扱いも可能
　5：時に失禁あり。浣腸，座薬の取り扱いに介助を要する者も含む
　0：上記以外

排尿コントロール
　10：失禁なし。収尿器の取扱いも可能
　5：時に失禁あり。収尿器の取り扱い介助を要する者も含む
　0：上記以外

（出典）正門由久他「脳血管障害リハビリテーションにおけるADL評価／Barthel indexを用いて」『総合リハビリテーション』医学書院，1989年，17：689

実践例1　厳格に育ったYさんは，回想法で現役時代を生きているように

　Yさん。80歳の女性。アルツハイマー病。約20年前に発病，現在重度の痴呆状態。問題行動としては妄想，夜間せん妄，徘徊，不潔行為などがある。おむつ使用，なんとか自力歩行が可能。長谷川式簡易知能評価スケール（HDS-R）で3点で，日常生活自立度（ADL）はバーセルインデックスで40点。

状態と経歴

　Yさんは夫とは死別し，子どもたちは遠隔地におり，ほとんど面会はありません。アルツハイマー病を発病するまでは出身女子大学の教員をしていました。高学歴のYさんは当時としてはエリート女性であり，良妻賢母の女子教育に携わってきてもいたので，周りからは名士として遇されてきました。現在も女子大学の教員をしているつもりでおり，まとまった話はできないのですが，学生の指導をしているつもりのときは，おだやかで思いやりのある話し方ができます。

　しかしときにおびえたように「殺せ」とか「あっちへ行け」とか攻撃的な様子を見せ激しく怒ることもあり，怒りが激しいときには，自分がはいているスリッパで水道栓やガラス窓をたたき，食堂のテーブルをひっくり返すなどの行動をとります。職員がその行動を止めようとすると，職員を敵とみなしよけいに怒りが激しくなるのです。排便については1日中お

むつを使用しており，ときに便で汚れたおむつを大切そうに抱えてケアワーカーに差し出したりすることもあります。日中は話好きのやはり重い痴呆の女性と楽しそうに会話をしたり（聞いていると会話としてはまるっきり成り立っていないが，互いに世間話らしい雰囲気を保つことができる），廊下をふらふらと歩き回っているのです。このようなYさんですが，慎み深いしつけをされたせいか，歌やゲームなどのレクに対して，「そんなことに私は参加できません」という頑な反応をするので，レクなどには誘えないのです。

Yさんのプライドを傷つけないような援助を

このYさんの経歴と態度から周りの介護者は現役時代と同様な「Y先生」と呼びかけるようにしていました。Yさんを観察してみると，寝起きに大変機嫌が悪く，その他には，意思に反して連れて行かれたり，若いスタッフなどの「そんなことをしたらダメでしょ」「こっちへ来て」などと「大先生」への言葉かけとしてふさわしくない扱いを受けたときに怒りがエスカレートしていくことがわかりました。それで，機嫌の悪いときはなるべく受け流すようにして注意などをせず，機嫌のよいときを見計らって対応し，機嫌のよい時間を伸ばすということにしました。

過去の遊びやスポーツの経験などについては，本人からと家族からの聞きとりの結果，スポーツなどはほとんど経験がないようでした。本人はしとやかな女性になるための厳しい教育者という生活が長いので，レクなど「まじめでないことや遊び」は頭から「できない」と決めつけていました。レクなどには無理に誘うことは困難だと判断し，現役の女子大学教員時代の生活を思い出すような設定で対応することにしたのです。

レク嫌いのYさんは回想法を

このようなYさんに回想法を実施することにしました。おっとりしたYさんなので，集団の中ではなかなか発言してもらえず，また集団だとその場にふさわしい発言は無理になることが多かったので，個人対応の回想法にしました。

「Y先生のこれまでの業績や歩まれた人生などについてインタビューしたいので時間を頂けますか」という設定で申し込みました。現役時代にはこのようなインタビューは何回も経験があったらしく，落ちついた態度で「お時間はあんまりないけれど，少しならいいですよ」という返事をもらって実施しました。静かな雰囲気の部屋で，ドアを閉め，1対1で話を聞きました。Yさんはまとまった話はできなくなっているので，実施者が質問をし，それに答えてもらうという1問1答形式で行いました。以下はその会話の記録です。

スタッフ「先生はお生まれは確か○○市でしたね」
Y「そうよ」
スタッフ「なんという町ですか」

Y「えーと，寺ですね」
スタッフ「先生の家のお仕事はお寺さんだったんですか」
Y「私の家は寺で，父親は教師もしておりました」
スタッフ「お父さまは優しい方でしたか」
Y「大変厳しかったですね。母はよく父に叱られておりました」
スタッフ「お母さまは優しかったですか」
Y「ええ，とても優しい人でね」
スタッフ「お寺さんだとお母さまはお忙しかったでしょ」
Y「ええ，掃除やらなんやらで，いつも忙しく働いていましたね」
スタッフ「お母さまはお料理はお上手でしたか」
Y「とても上手でしたよ」
スタッフ「では大晦日にはお節料理などは作られましたか」
Y「大晦日には，こそこそと夜遅くまで作っておりましたね」
スタッフ「先生はお小さい頃から優秀でいらしたのですか」
Y「いいえ全然，お転婆でね，フフフ，柿の木に登ったりね。山に遊びに行って遅く帰ってよく母に叱られました」

　回想法実施時間は1回あたり約15分，実施回数は事情の許す限り週2回程度。
　答えは，話題が発展していくというようなことはなく，それに沿った答えしか返ってきませんでした。しかし，家の中での母親の苦労，大晦日に母親がどのように忙しく立ち働いてお節料理を作っていたか，学生時代や教員時代の思い出などについて，断片的ではありましたが，Yさんの頭の中ではその様子が蘇っているようでした。
　実施中や実施後はたいへん機嫌がよく大教授といった風格ある態度で，いつもの徘徊や不潔行為，攻撃的な行動などはまったく影を潜めていました。
　最後には，次回のインタビューについて「次は私の家にいらっしゃい。ごちそうを作って待っていますよ」という言葉も出て，回想法の後しばらくは上機嫌で過ごせたのです。

その後の経過

　大変機嫌がよくなったその後は，その日の内に，また元の（非社交的だったり，破壊的になったり）日常の様子に戻っていきました。次第に下半身が弱くなり，半年後に転倒，車イスを使用し，衰弱が激しくなり，1年後には寝たきり状態になり，その後亡くなりました。

実践例2　無気力，無表情のBさんは，「昔とった杵柄」の手仕事で

　Bさん，73歳の女性。脳出血が5年前に起こり，徐々に痴呆が進み家庭で生活できな

くなり3年前より入所。無気力，無表情である。おむつ使用，自力歩行がなんとか可能。長谷川式（HDS-R）で8点で，日常生活自立度（ADL）はバーセルインデックスで35点。

状態と経歴

Bさんは脳血管障害の痴呆といわれている無表情な女性。脳卒中の後遺症のためか3年前から痴呆がひどくなり，家に置いておけないということで入所していました。

ベッドで寝ているか1日中廊下を徘徊し，ときに疲れて片手で廊下の手すりにぶら下がり腰を下ろしていることもあります。周りへの関心はなく，施設の仲間などとの話し声などは一切聞いたことがありません。

夫など家族が面会に来ても，職員が話しかけても簡単な返事が小さな声で聞こえるだけでした。歌などを歌うレクなどには誘っても意欲がなく，たとえ無理に誘って参加してもらっても，楽しむという意欲が全くないような状態です。

落ちついて聞くとしっかりした返答が

Bさんはなぜ徘徊し，何を考えているのでしょうか，意思の疎通は難しいと思いながらBさんと話してみることにしました。ゆっくりと落ちつける場所で聞いてみると，驚いたことにとても理解力があり，話もできる人であることがわかったのです。

話ができない人と思われていたのは，問いかけから応答まで時間が長くかかるからのようで，介護者があきらめてしまい結局返事を聞く前に次のことをいってしまい，Bさんの声を聞く機会がなかったようなのです。辛抱強く待っていると，小さな声ですがしっかりした内容の返事が返ってきます。

その内容は，1週間に何回か訪れる夫への不満だったり，同居の娘婿に対する遠慮の言葉であったりでした。とにかくBさんの無表情な顔の内面とは裏腹にいろいろな思いを持って生活していたことがわかってきたのです。

経歴は，Bさん自身の話では，女学校で裁縫の技術を身につけ，結婚。嫁ぎ先は農家で，農作業の合間に他人の仕立物の仕事もしていたといいます。今したいことは何かという問いに，針仕事であり，夫の半天を縫いたいと答えていました。また，農作業のときに稲藁でむしろや縄をつくったということで，その仕事は今もできるとBさんはいっていました。

また，娘によると，現役時代のBさんはたいへんな働き者であり，少しの合間も惜しんで完璧な手仕事をしていた人だということでした。

得意な裁縫を思い出す

Bさんにはまず現役時代に得意だった針仕事をしてもらうことにしました。Bさんは「自分は針仕事ならだれにも負けないほどの腕を持っている」という自信があったようですが，

3年ほど針仕事から遠ざかっていたので，現実には自分で思うように仕事はできなかったのです。例えば，運針をしていて自分の着ている服を縫ってしまったり，糸の玉が結べなかったりという状態でした。それで練習にと自分の座布団のカバーを縫うことから始めました。運針は，乱れてはいましたが，とても速く縫うことができました。直線に縫うことはできるのですが，それを完成させるということはとても無理でした。1週間に2回実施し，スタッフが付き添い，2枚の座布団カバーを仕上げたのです。この間もBさんは能面のように無表情でしたが，この頃が久しぶりに自分らしさを感じられるときを持てたのではないかと思われました。

ぬい物をするBさん

　またあるとき，お習字をしたことがありました。習字も花嫁修業でひと通り学んだということでした。題材は何でも好きなことを書いてもらうことにしました。するとBさんは，素早く，ひらがなで「いちろうのばか」と夫の名前を書いたのです。能面のように無表情で，わがままや欲求もほとんど表現しないBさんの「家に帰りたいが娘婿に悪いので帰れない」という不満，それを口に出さずに抑えている悔しさや悲しさ，自分の帰宅を実現させることができない夫への不満を見た思いがしました。

その後の経過

　針仕事にも慣れてきた段階で「次になにをしたいか」と聞いたところ，3年前のことを覚えており，「家に縫うつもりで裁った和服の生地があるのでそれを娘に持ってきてもらいたい」というのです。それで生地を持ってきてもらおうとした矢先，Bさんが転倒してベッドから起きあがれなくなったのです。やがて車イスに乗って生活できるまでに回復。それで生け花に挑戦してもらいました。しかしまた再びベッドから落ちて骨折，外科病院に入院し，落ちついてから戻ってきたのですが，骨折が治った頃には衰弱がひどくなり，起きあがることもとうてい無理になりました。

　Bさんにとって入所してからの3年間は，自分の意識の中では現役時代と同じ能力があると思っているのに，「私のようなボケ老人が帰ったら，婿さんなどに迷惑がかかる。家族が困る」と考え，愚痴もいわずただ時間を費やしてきたどうしようもない時間だったのではないでしょうか。

　Bさんの様子を観察してみると，「することがないので，身体や頭を使わない」ことからくる痴呆や身体の衰えだったように思われました。知的能力はかなり正常に近く働いていたの

で，もっと元気なうちにグループホーム*など，補助をしてくれる職員が見ている中で，家事などをしながら過ごすことのできる環境を作ってあげることができなかったことが今も悔やまれます。

> ●語句の説明
>
> ＊グループホーム
>
> 　地域社会の中に小規模の家庭に近い環境で生活できるように作られた住宅。最高10人くらいの痴呆のお年寄りが，それぞれの個室で生活する。職員と一緒に生活し，買い物や家事などを楽しむことにより，心が落ちつき痴呆や問題行動が軽減するといわれている。初期は知的障害者のための取り組みだったが，80年代から痴呆性高齢者向けの試みが始まった。97年に国の補助事業となり，対象は99年3月末で，103カ所。公的助成がないまま運営しているホームも多く，実態ははっきりしない。

実践例3　暴力的なRさんには尊敬が伝わる接し方で

　Rさん，75歳の女性。精神分裂病*で約40年前から入退院を繰り返し，現在，痴呆ありとされている。おむつ使用，自力歩行や移動ができず，車イス使用。非常にゆっくりであるが自力で摂食ができる。長谷川式（HDS-R）で9点で，日常生活自立度（ADL）はバーセルインデックスで10点。

状態と経歴

　Rさんは精神分裂病で30歳頃からおよそ40年以上入退院を繰り返してきた75歳の女性。攻撃的暴力的であり，レク活動などは馬鹿にして一切参加したことがありません。若い頃から，一緒に入院している仲間の患者に暴力を振るい，問題患者として病院中で知られた人だったのです。

　現在は高齢になり，体力も衰え，暴力を振るう元気はなくなったのですが，言葉による暴力がひどく，自分より劣っていると思う痴呆のある人には「馬鹿」「臭い」「あっちへ行け」などと大きな声で怒鳴るのです。罵倒の相手は患者仲間だけでなく，スタッフにも及び，例えばおむつ交換をしようとする介護のスタッフにも激しい口調でなじり，手が付けられない状態のときは怒りが収まってから対応している状態です。

　戦前の厳しいしつけを受けたせいか，レクなど，いわゆる遊びに対しては「まじめでないので悪いこと」という考えが身についているようで，誘っても絶対に参加しようとしない人です。

問題児（？）だったRさん

　怒りが激しくなると手を付けられなくなる人のため，看護婦から「この人は問題があるから近づかない方がいいよ」とアドバイスされるような要注意人物でした。このような"怖い問題患者"だったので，「触らぬ神に祟りなし」と介護者は必要以外の会話をしたことがなかったのです。こんな頑な態度では他の人とも交流ができないでしょう。Rさんに少しでも幸せな感覚を持ってもらいたいと考え，どうしたらよいのか探ることにしました。まず，本人とコミュニケーションを取って，理解を深めたいと思い，Rさんの機嫌のよいときを見計らって，機嫌を損なわないような言葉遣いで話しかけをしてみました。

　その結果，Rさんは自分が尊重されていると認識したときは，それなりのマナーを保った，節度ある態度で行動する人であることがわかりました。つまり，今まで暴力的な行動をとっていたのは，自分を尊厳ある人間として扱ってもらえないことからくる，Rさんの精一杯の抵抗だったのではないかということです。

Rさんにとって大切なことはプライド

　Rさんにとっての「幸せ感」は，「自分を尊重してくれる」ということだったのです。何十年もの長い間，精神障害などで入院している人の多くは，その病気であることから差別され，やがてあきらめ，慣れてしまうことが多いのです。しかし，Rさんはその高いプライドからか，「ひどい扱い」に慣れずに怒り続けてきたのです。そんなRさんには，まず「受容と尊敬」に配慮した会話をすることから始めました。Rさんは非常に喜んで，しかもはにかみながら若い頃の話をしてくれました。

　その話から，Rさんは土地の名家に生まれたということがわかりました。幼い頃から成績は優秀で，その土地では珍しく女学校を卒業しているのです。父親はそんな娘をとてもかわいがり，誇りにしていました。当時の女学校へ進学する人は希であり，女学校のセーラー服などは村では珍しいので，それを着ることでエリート意識を感じ，とても得意だったようです。そしてその後「器量がよい」ということで見初められて，自分は結婚したくなかったようですが，何回も申し込まれ，仕方なくその人と結婚したということです。これらのことはRさんにとって，現在も自慢の種であり，誇りとなっています。

　Rさんに限らず，精神障害の人は入院が長いのです。それは病気の症状がひどくて家庭生活ができないということではなく，帰る家庭がない，待っている家族がいないということを意味するのです。つまりよくいわれる「社会的入院」なのです。患者も，親が現役で働いている間はまだ「帰る家」があります。やがて親が年をとり，患者の兄弟が家の跡を取り，親が実権を失ってからや親の死後が問題なのです。患者の兄弟には患者の面倒をみる義務感はなくなり，患者には中年頃から「帰るべき家」がなくなってしまいます。Rさんも例外ではなく帰るべき家がなく，長い入院生活を送っていたというわけなのです。

　しかもRさんは「自分は名家に生まれ，高学歴だから他の人とは違う」というエリート意

識が強かったので，他の患者や職員との軋轢が強かったことがうかがわれました。病院職員の患者に対する言葉遣いは現在でこそ患者の人権を尊重するようになってきていますが，40年前などは，精神障害者は「きちがい」と呼ばれていたのです。その「きちがい」に対する病院職員の扱い方はその人のプライドなどに配慮はしていなかったと察します。Rさんが攻撃的で暴力をよく振るったというのは，そのプライドを傷つけられたのではないかと想像できました。

「その人を尊重して接すること」がRさんへの援助の基本

Rさんに「幸せ感」を感じてもらう援助方法として「プライドを尊重した回想法と接遇」と決めました。他の患者さんがRさんの話を聞いて，笑ったり罵倒したりしないように，Rさんと2人きりで話ができる散歩などのときに，昔の自慢話を聞かせてもらったのです。Rさんは介護職員を個人的に認識できていないようなので，その度に同じような質問をして何回も自慢をしてもらいました。もちろん私はその話に驚いたり羨ましがったりして対応したのです。このような自慢話を聞いた後は，Rさんは大変礼儀正しく謙虚な態度をとり，他の職員がビックリしたほどでした。

喫茶店を実施したとき，ちょうどRさんの機嫌がよかったので誘ってみました。「Rさんコーヒーを飲みに行きませんか」と。意外にも了承してくれたので，他の患者さんが揃って座っているテーブルに車イスを押していきました。そして着席するときに「みなさん，Rさんですよ。ご一緒にコーヒーを楽しみますのでよろしくお願いします」とスタッフがあいさつをすると，なんとRさんまで，いつも一緒に過ごしている仲間に「Rです。よろしくお願いします」と神妙な顔であいさつをしたのです。そして喫茶の時間中，まるで貴婦人になったかのような上品な態度で過ごすことができました。その後も何度か喫茶を楽しんでいましたが，ときどき機嫌の悪いときは，誘っても頑に断ることもありました。

散歩中の会話例（回想法）

スタッフ「Rさんは女学校卒業ですって。すごいですね。Rさんの生まれた村では珍しかったでしょ」
Rさん「エヘッ」（うれしそうに笑ってうなずく）
スタッフ「制服はどんなものだったのですか」
Rさん「セーラー服でした」
スタッフ「お父さんはRさんのことをとても自慢に思ったでしょ」
Rさん「エヘッ。お父さんはね，私のことを自慢していましたね」
スタッフ「Rさんは色白だからべっぴんさんと評判だったでしょ」
Rさん「器量がよいということで，『嫁に来てくれ，来てくれ』といわれて，私は行くのは嫌だったんです。それでも『来てくれ，来てくれ』って，ウフッ」

おむつ交換を嫌がるＲさんとの会話例
① 今まで通りの例
スタッフ「あらっ，おしっこでシーツや背中までびっしょり汚れて。ほら替えましょ」
Ｒさん「嫌や」と大声でいったきり，スタッフに触れさせようとしない。

　この「おむつ交換」拒否は，スタッフの「あらこんなにおしっこで汚れて」という言葉により，自分にもまた周りにも尿を漏らしてシーツまで汚していると明らかにされ，プライドを傷つけられ，交換拒否という態度になっていると考えられます。

② 話し方に配慮したおむつ交換の会話例
スタッフ「あら，背中まで濡れていますね。気がつかなくてごめんなさいね。ＲさんこれではＲさんが風邪を引いてしまいます。Ｒさんが風邪を引いたら私本当に悲しいわ。すぐに替えさせていただきます」
Ｒさん「ありがと，ありがと」と手を合わせる。

　この「配慮したおむつ交換」の言葉かけは１．「おしっこ」という言葉を使わないこと。２．驚いたりして大声を出して恥をかかせないこと。３．シーツを濡らしたことをＲさんのせいではなく，気がつかなかった介護者の責任という話し方にしてＲさんを責めないように配慮したこと。４．「風邪を引いたら悲しい」とＲさんに対する「思いやり」を伝えていることなどを配慮しています。
　自分だったらどう感じるのだろうかと，その人の立場に身を置いて考えてみれば「どうしたらうれしいのか」ということは想像できるでしょう。

歌を歌っている最中のエピソード
　その日のＲさんは機嫌が悪く，レクリエーションの誘いには「嫌だ」と断っていました。Ｒさんは離れた場所で座り，みんなが食堂の中心部に集まり，童謡などを歌っていると，Ｒさんの童謡を馬鹿にする大きな悪態をつく声が響きわたります。どうも，「子どもの歌＝レベルが低い物」ということで，「馬鹿だ」「アホだ」といっているようなのです。しかし，歌が「蛍の光」になったとき，悪態の声が突如として歌声に変わったのです。その歌が終わると，また悪態に戻ったのですが。この歌がＲさんの心の琴線に触れるものであったことがうかがわれました。

その後の経過
　現在も様子は以前と変わりません。言葉遣いに気を使わない職員が接したときや，ひどく機嫌の悪いときは，散歩やお茶に誘っても断るし，機嫌のよいときは，何かに誘うと合掌し，

「ありがと，ありがと」と感謝しつつ参加してくれます。

●語句の説明

＊精神分裂病

　幻覚や妄想が現れ，気分の波が不安定になるなど，知覚面や感情面などにさまざまな変調が現れる病気。以前は原因がよくわからないこともあり，偏見がつきまとっていたが，現在では脳の働きに異常がある一つの病気として理解されようとしている。特に青年期に起こりやすい。原因は，その人の持っている「病気のかかりやすさ」と「生活上のさまざまなストレス」が相互に作用し合って発症するといわれている。

〈参考〉院内感染

　ペニシリンの発見以来，細菌をやっつける目的で使われていた抗生物質が耐性菌を産みだし，逆にMRSA（メチシリン耐性黄色ブドウ球菌）による院内感染という厄介な現象を引き起こした。そこで，この菌をやっつける抗菌剤バンコマイシンを作り出したが，現在そのバンコマイシンに抵抗力を持った抵抗性MRSAが出現している。という訳で，これまでの抗菌剤が効かないので重篤な感染症を引き起こす。抵抗力の弱い高齢者などがかかりやすいため，介護者はうがいと石けんによる手洗いを励行する他，衣服は清潔でよく乾燥したものを着用する。さらに菌の増殖しやすい湿気のある場所はこまめに清掃し，消毒することが必要である。

実践例4　最重度のSさん，残された五感に訴えて

　Sさん，58歳の男性で若年性のアルツハイマー病。約10年前に発病した。現在，寝たきりで全介助の状態。長谷川式（HDS-R）で0点，日常生活自立度（ADL）はバーセルインデックスで0点。

状態と経歴

　ほとんど発語が見られない状態なので痴呆度の判定は困難です。約10年前に発病し，現在症状が進み，寝たきりで全介助の状態になっています。かろうじて寝返りができます。歩行不可能であり，おむつ使用，両手とも肘から曲がって関節拘縮＊しています。背中も曲がったまま固まり，足は指先が伸びて交差したまま拘縮しているのです。ほとんど会話はできないのですが，ときに簡単な返事ができる場合もあります。座っていても，寝ていても痛みなどでつらいのか，うなり声を出していることがよくあります。ときどきだれかれとなく周りにいる人を睨み付け，怒りをあらわにして，不自由な手で叩こうと攻撃することもあります。顔の前に手を近づけると口を開けて食べるような仕草をするなど，いったいどのくらいの知的レベルかはわかりにくいのです。

どこまで理解できているのか不明なSさん

　Sさんが一体どこまで周りのことを理解できるのかわかりませんが，大声で唸っているときに，気持ちのよい外に車イスで散歩に連れ出すと，すがすがしい顔をして，にこにこ顔まではいかないのですが，心なしか幸せそうにしています。それで可能な限りベッドから起こすことにし，外に連れ出すことにしました。Sさんの立場に立って考えると，自分では動けず，だれかが連れ出してくれなければベッドに寝て，天井か壁を見ているだけの毎日なのだから，ベッドにいるよりもより気が紛れるのかもしれません。そして，言葉をどれだけ理解できるか不明であるけれど，なるべく多く話しかけました。耳元で「Sさん，ほら柿がなっている。葉っぱが赤いね。Sさんは柿が好き？」と話しかけます。このような問いかけにSさんは「ウー」と返事のような声を発しました。ときには「赤とんぼ」「落ち葉」などの歌を大声で歌って散歩したこともありました。

残された感覚を探す

　知的な面ではかなり衰えているように感じられるSさんですが，感覚面では能力がまだ残っているかもしれないと考えました。それで，まず嗅覚を試してみることにしました。散歩中の道端に生えているドクダミの葉を手でつぶし，その汁をSさんの鼻に近づけてみました。「Sさん，これドクダミの臭いだよ。覚えている」と聞くと，臭いを嗅ぐように鼻をわずかに動かし「ウー」と返事のようなおだやかな声を出します。この後は，散歩中にあった，フリージアの花，藤の花，つつじの花など，なるべく強い独特の香りを持つ植物を選んで嗅いでもらいました。

何もわからないと思われている人でも花や松葉の匂いをかぐと反応することもあります。

　そして触覚，針のように細くとがった松葉を「ほら松葉，ちくちくと痛いでしょう」と掌に当ててみました。Sさんは不愉快なことには怒り出す人です。痛いはずの松葉を掌に押しつけたり，花や葉の匂いを嗅ぐときのSさんの表情から，筆者は香りを楽しんでいると判断しました。

　また別の，もうそろそろ春が来そうな3月のある日，外の日陰に雪が残っていました。少々寒いかなと思ったのですが，Sさんを車イスで外に連れ出し，その雪の残っているところまで出かけたのです。Sさんのような状態の人は，ほとんどいつも冷暖房の完備した室内にいます。どうしても必要なとき以外は外出させません。特に少しでも風があるような寒い日などに外に出したら，看護士さんに叱られてしまいます。だから外の肌寒い空気に驚いたこと

でしょう。雪を手に取り，Ｓさんに「ほらＳさん雪だよ，冷たいよ」と話しかけながら，手と頬に雪をくっつけました。Ｓさんはちっとも不愉快そうな表情ではなく，むしろ，久しぶりの雪を楽しんでいるようにさえ見えたのです。

女性週刊誌も回想法の１つに

また，冬で外に外出できない雪の降る日，施設と隣接した病院を散歩することにしました。いくつかの病棟を回り，スタッフなどが「Ｓさん，あら久しぶり。歩けなくなってしまったのね」などと声をかけてくれました。それに対して目立った反応はありませんが，私たちでも，自分からではなく，周りから声をかけられるのはうれしいことです。ですからもしＳさんが気持ちを表現できたら，喜んでくれただろうと解釈しました。

また外来の受付を通りかかったとき，そこには新聞や週刊誌が何種類も置いてあったのです。その中の１つの女性週刊誌を開き，Ｓさんに見てもらいました。その中にＳさんが知っていそうな話題はないかなと探したのです。Ｓさんがアルツハイマー病になる10年以上前のことならば記憶しているかもしれません。その週刊誌には昔の人気歌手の天地真理さんが痩せたという痩身術の広告がありました。痩せる前と痩せた後の写真を見せて「ほら，これ歌手の天地真理さんよ。こんなに太っていたのに痩せたんだって」と説明。それから，天皇家の内親王の結婚の話題。「ほらこれが皇太子様と美智子様の娘さんの結婚の話題よ。この男の人が結婚相手と噂になっているんですって」と説明（Ｓさんの中では時代はいまだ昭和なのではないかと考え，現天皇を皇太子と表現しました）。それら写真と説明に「うう」と返事のような声を出して応えてくれました。

Ｓさんの立場に立って考える

また，喫茶の時間に，コーヒーを飲んでもらうことにしました。Ｓさんは「熱い」などのとっさの反応は出せない人ですので，熱すぎる飲物には十分な注意が必要です。長い間の入院生活ではぬるいお茶か，冷たいジュースや牛乳しか飲んでいないらしく，ちょっと熱めのコーヒーを本当においしそうに飲んでいました。熱すぎるかどうかは，カップをスタッフの頬に付けてテストします。熱すぎた場合は，別の冷たいカップに移しかえてあら熱を取って冷やします。間違っても水で薄めるなど味が落ちることはしないでください。

Ｓさんが入院をして10年以上。ちょっと考えてみれば，身体が不自由になって以来，新聞やテレビのニュースや週刊誌の話題などほとんど目や耳に入る機会がなかっただろうと推測できます。Ｓさんの返事ともつかない反応の中にＳさんに残された知的なものを感じつつ，外からの刺激を遮断されベッドに寝ていることの多い辛かったであろう長い年月が想いやられました。

Ｓさんのようなほんのわずかな反応も，スタッフにとっては励ましになるものです。しかし，Ｓさんだけに毎日時間を当てる訳にはいかないので，Ｓさんが本当に楽しんでいるかど

うかは確かではないのですが，他の人が集まってしゃべっている輪の中や，みんなで歌を歌っている中に参加してもらうことにしました。

その後の経過

果たしてSさんは，私が実施するレク援助で幸せ感を感じているのでしょうか。本当のところはわかりません。反応がよくわからない人の場合，わずかな表情や仕草の変化も見逃さずに，判断の材料とします。現在のその人の立場で考えるということが必要です。つまり，1日中ベッドに寝かされて，天井や壁ばかり見ているSさんにとって外の刺激はどう感じられるのでしょうか。もしかしたら寒い風や草や何気ない草の青くさい香りさえ，Sさんに過ぎ去った昔の経験を思い出させているのかもしれません。

援助を始めてから現在まで約1年半が経過していますが，Sさんの状態はほとんど変わっていません。

●語句の説明

＊関節拘縮（かんせつこうしゅく）
関節の動きが妨げられた状態（関節可動域障害）になることで，これには関節強直と関節拘縮がある。関節強直は，関節を構成する関節軟骨や靱帯などに原因があって動かなくなるもので，関節拘縮はそれ以外の皮膚や筋肉などに原因があって動かなくなるものを指している。しかし一般的には厳密に区別することは難しいので，まったく動かなくなったものは関節強直，少しは動くものは関節拘縮を指す場合が多い。

実践例5　全てに無関心な知的障害者のKさんには大好きなタバコを

Kさん，78歳の男性。先天的に知的な遅れがある。長谷川式（HDS―R）で3点。日常生活自立度（ADL）はバーセルインデックスで100点とほとんど自立。

状態と経歴

知的なレベルが低く，性格もおとなしく，何事にも関心を示さない人です。誘えば歌やゲームなどのレクリエーションの集まりにいつも出たがりますが，参加しても特別な反応を示しません。Kさんは幼い頃から知的な遅れがあり，学校教育は受けていないのです。それでも，中年までは農業をして生家で暮らしていたのですが，交通事故で脳を強く打ってからは自立生活が不可能になり，施設で暮らすようになったのです。

無関心なKさん

このような無関心・無欲に見えるKさんは，別に生活で何の不満も感じていないように見えました。しかし何かKさんの目が輝くような生活の一瞬を持ってほしいと考え，援助方法を探しました。幸いレクには積極的に参加したがるので，Kさんには他の人と一緒に集団（5〜10人）のレクに参加してもらうことで，少しでも歌の楽しさや，仲間と過ごす楽しみを知ってもらいたいと計画しました。

　しかし，Kさんはレク参加中，歌を歌っているときなども無関心で下を向いていることが多かったのです。それで，カスタネットや太鼓などをKさんに持って打ってもらう役目をお願いしました。歌のリズムには全然あわないのですが，それでもみんなと一緒に歌に参加している気持ちでいるようでした。実施して2年後の現在，Kさんは曲によっては声を出して歌い，時々ですが歌を楽しんでいるように見えるときもあります。

Kさんに役割を

　次に生活の中に，Kさんが自分を必要としていると感じる体験を持ってもらうようにしました。Kさんのように虚弱で自分の意思を持てない人は，施設内の生活にKさんの働きを必要としている場面が全くありません。周りがなんでもしてくれるので依存的になっていることもあります。例えばドアの前に行っても誰かが開けてくれるのを待っているのです。それで，売店などに出かけたとき，一緒に歩いてドアの前にたどり着くと，「Kさん開けて」と頼むようにしました。Kさんはか細い腕で必死になってドアを開けてくれました。そのときは必ず「Kさんありがとう。力が強いのね。男らしいわ」と耳元でささやきました。それを繰り返すうちに，ドアの前に行ってドアを誰かが開けないと，自分で開けようとするときが出てきたのです。

　また，車イスの人を食堂に連れていくときも，Kさんに頼むようにしました。今まで弱々しくてのろいKさんをだれも頼りにしていず，用事を頼むことがなかったのですが，現在はいろいろな場面で頼むようにしています。むしろスタッフがした方が早いなというときもあるのですが，なるべく用事をしてもらっています。まだ，はっきりした効果が出たとはとてもいえませんが，Kさんの立場に立って考えると，頼りにされたり，感謝されたりして少しはうれしいかなと思われるのです。

　また，Kさんは自分の欲望を出すことが少ない人なので，それを出す機会を作るように配慮しました。病院や施設では，わがままをいうと「勝手な人」とか「問題老人」とされがちです。しかし，わがままというのはその人らしさの現れであり，わがままが出せるような生

活に持っていくことも高齢者の生活の場のスタッフの仕事ではないかと思います。Kさんは，今までわがままをいわない「優等生」，いや，わがままをいえない人だったのでしょう。

昔好きだったタバコを

ある日，Kさんとベンチに座っていると，入所者に面会に来たおじさんが隣でタバコを吸い始めました。Kさんはそのおじさんに「1本くれ」と手を差し出したのです。おじさんは1本譲ってくれ，Kさんはおいしそうにタバコを吸ったのです。

看護士にそれを話すと，叱られてしまいました。「高脂血症だし，タバコは健康に悪いに決まっているでしょ。Kさんに喫煙の習慣がつき，タバコがもらえないときの禁断症状から暴力にでもなったらどうするの」と。

本当にタバコは悪いことに決まっているのでしょうか。タバコを吸うことで健康が害される可能性があることはよく知られています。しかし，これからも今まで通り禁煙で，自分の欲求も出さず過ごすことがよいことなのでしょうか。

看護士の判断を見ていると「より清潔に，1分でも長く生きながらえるかどうか」を全ての判断の基準にしているのではないかと思われます。このようにすることが，本当にKさんにとって幸せなことでしょうかと疑問に思いました。

こういうときには「自分ならどうしたいか。死ぬまでどう過ごしたいか」という視点に立って考えてみたらどうでしょうか。私たちは健康に悪いことを一切しないで暮らしているのでしょうか。私は時々甘いケーキを食べています。食べない方が健康にいいなと思いながらも，食べています。施設外では，健康に悪いと知っていて喫煙をしている人も多くいます。それがなぜ施設内の人は許されないのでしょうか。いいえ許されてもよいはずです。それがQOL*の実現ということではないのでしょうか。これらのことを施設長や看護士に話し，Kさんの喫煙の許可をとったのです。現在Kさんは毎食後と朝晩にかならず喫煙しています。多少喫煙欲求が頻繁になることはありますが，タバコ依存症になりそれで暴力を振るうという傾向は見えないし，特別に健康が悪化しているようにも見えません。

その後の経過

喫煙を再開して2年，特別に健康の悪化も見られません。レクなどへの参加に積極性が少し見られるようになりました。はっきり援助の効果が示されてはいませんが，私はKさんの喫煙時の「至福の笑顔」を見るだけで，「喫煙をすすめてよかった」と1人納得しています。

●語句の説明

* **QOL**（クオリティ・オブ・ライフ）
「生活の質」「人生の質」「生命の質」などと訳される。一般的な考えは，生活者の満足度・安

定感・幸福感を規定している諸要因の質。

実践例6　不安が強く騒がしいDさんはスキンシップで

　Dさん，66歳の女性。アルツハイマー病で重度の痴呆。問題行動としては不安やパニックが強く，1人でいることを恐れ大声を上げて泣いたり騒ぐこと。おむつ使用，自力歩行可能。6年前から入所。長谷川式（HDS—R）で4点，日常生活自立度（ADL）はバーセルインデックスで75点。

状態と経歴

　生活の自立度は比較的高いのですが，問題行動のある人といわれています。特別なことがなくても，泣いたり，大声で叫んだりするのです。何時間も続くその大声に閉口し，周りの痴呆のない人や軽度の痴呆の人がDさんを小突いたり怒ったりするのです。

　スタッフも「叫ばないのよ」とか「大声だしたらダメでしょ」と怒ったり，注意しています。しかし，Dさんの大声はまったくやまず，よけいに周りから怒られます。が，Dさんは，怒られたことなど少しも気に留める風はなく，相変わらず毎日彼女の叫び声が建物の隅々まで響きわたっています。

　レクなどには喜んで参加しますが，歌も歌わず，ゲームの意味も理解できず，ただお客さんとして参加しているだけで，ときに席を立ってしまうことがあり，楽しめていないのだなと推測できます。

怒られてばかりのDさん

　たいへん騒々しいDさんにスタッフも周りの入居者もうんざり気味です。Dさんに必要なレク援助はどんなことでしょうか。どのようなことをしたらDさんは幸せ感を感じてくれるのでしょうか。Dさんはなぜ叫ぶのでしょうか，なぜやめないのでしょうかなどという疑問を持ちながら，Dさんのことを聞いたり調べたりしてみたのです。

　個人調査票や家族から調べてみました。Dさんは，3人兄弟の末っ子として可愛がられ，嫁いだ後は専業主婦として家事に励んできたということです。やさしい子どもや夫に恵まれ，一家の主婦として穏やかな日々を送ってきており，職業経験はありません。いつも親や夫から庇護されてきた甘えんぼさんなのかもしれません。Dさんがいつも泣いているようなこわがっているような顔つきをしながらの叫びは，他の人より甘えんぼのため，知っている人が見あたらない施設で不安なのかもしれません。Dさんの気持ちを推し量ってみると，「ここはどこだろう，ここになぜ自分がいるのか，いつも私を守ってくれる愛する夫や子どもはどこにいるのか。いろんなことはよくわからないし不安だ」という気持ではないかと，推察して

みたのです。

　今まで，スタッフはうるさいDさんを敬遠し，なるべく近づかないように接してきたようです。それで今までとは反対に，Dさんには会話とスキンシップとアイコンタクトで「私はあなたのことを好きですよ。あなたの味方ですよ」というメッセージを送るように努めました。

　Dさんを見かけたときは，真っ先にかけ寄り，「あら元気だった。会いたかったわ」と手を握ったり，肩を抱いたり，背中をさるなどしました。Dさんはすぐ前のことを忘れるので，スタッフの顔も覚えてはいません。集団で歌を歌っているときは，隣に座り肩を抱き，目を見つめたり，手で拍子をとりながら歌いました。言葉かけは，耳元で「Dさんのこと大好き」「私がついているから安心して」とささやくのです。恥ずかしがらずにこれらのことをなるべく頻繁に実施しました。

やさしく話しかけられたり，手を握られたりすると反応が違います

子どものようなDさんに母親の一面が

　その結果，開始後1ヵ月程度で，絶え間ない叫び声が少なくなってきました。そして，1年経過した頃には次のようになりました。

　歌を歌っている場所に参加しても決して歌わなかったDさんだったのが，肩や手で拍子を取ったり，目が合うと知っている歌は一緒に大声で歌うようになったのです。しかし叫び声を注意されたときは，前と同様，おとなしくなるどころか余計に泣いたり怒鳴ったりしていました。しかし，丁寧にやさしい言葉かけをされたと感じたときには，今の状態では決して考えられなかった行動を示したのです。

　そしてホールで実施した喫茶店でのこと。いつも他の人より早く飲んだり食べたりして「お代わり頂戴」と何回もしつこくいい，他の人のお菓子を取るなど子どものような行動をしているDさんです。が，この日のDさんは違いました。私と話をしていると，突然「よっしゃ，今日は私がおごっちゃる。任しておいて。みんな好きなの頼んでちょうだい」というのです。それはいつもの，子どものような不安なDさんではなく，余裕のあるお人好しの現役の主婦の顔でした。4人の子どものお母さんだった頃のDさんのようでした。

　こんなこともありました。ある別の痴呆の女性RさんがDさんのおやつを取ろうとし，スタッフが注意するとRさんはすごい剣幕で怒りだしたのです。Dさんは，スタッフと顔を見合わせ，「まったく困ったことだ，このボケたおばあさんは。でもボケているのだから，大目に見て，いたわってあげなくては」というかのような表情でスタッフに目配せして，その女

性に自分のおやつを渡してあげたのです。今まで，別の人がDさんのテリトリーを侵犯しようとすると，負けずに怒っていた人なので，他人への配慮ができたこの反応には本当に驚きました。

　その後の経過
　どうもDさんは，「怒られていても気に留める風もなく相変わらず騒ぎ続けていた」のではなかったのです。忘れてはいけないことですが，痴呆の人の中には，言葉の意味がときによりわからなくなる人がいるのです。ただし怒られているなという雰囲気は理解できるので，それがストレスになり，問題行動を起こしていたと思われます。
　現在，Dさんの叫び声は，全然ないわけではありませんが，レクの時間などの間はまったくといってよいほどありません。そして態度が落ちつき，表情が和らいできたのです。
　これはDさんが以前より，安心して生活できているといえるのではないでしょうか。少し前のことを忘れたり，運動機能の衰えなどアルツハイマー病であるDさんの痴呆そのものの症状は変わってはいません。

叱ってもその言葉の意味が理解できないことが多く，ただ不愉快な感情だけが残る。その人をそのまま受け入れていると次第に落ちつくことが多い

IV
寝たきりの人へのレク援助

　今まで述べてきたのは，重度痴呆のお年寄りへの援助ですが，重度といってもほとんどの人がまだ意識があったり，しゃべることができたり，移動できたりする人々です。痴呆の症状が進むと，知的レベルでいうと4歳児から，3歳児，2歳児，1歳児となり，まるっきりの植物状態になるとされています。そのようなまったく反応のない最々重度の痴呆のお年寄りへの援助を考えてみましょう。

　私が訪問したオーストラリアのシドニーのいくつかの老人ホーム（ナーシングホーム*）にはダイバーショナルセラピストという資格のスタッフ*が配置されていました。ダイバーショナルセラピストが，介護や医療に対する生活を楽しくするマネージメントの仕事をになっていました。その人たちが寝たきりの人々の過ごし方にもいろいろと工夫をしていました。

　重度の痴呆で体が動かなくなった人の多くを，ウォーターチェア*に座らせていました。写真のウォーターチェアは，角度なども変えられますので，座位をとれない人でも楽に過ごせるのです。しかし値段が高いせいか日本ではまだ広まっていないようです。また反応のない寝たきり状態の人には，心が安らかになるようなクラシック音楽などを部屋に流して1日を過ごさせていました。これらを参考に私も寝たきりの人に対する援助方法を考えて実践しています。

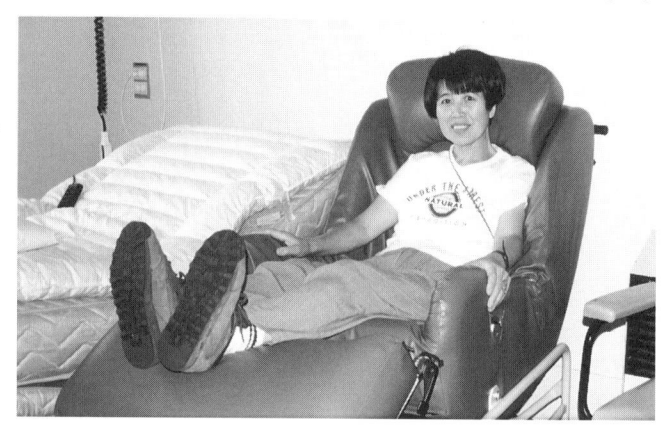

ウォーターチェアに座る筆者（シドニーで）

　日本では，ほとんど寝たきり状態の人には，これといった特別な対応はなされていないことが多いようです。「何もわからなくなっているから，どのような環境でもよいではないか」と主張する人もいますが，私はこのような人への援助も考えられるべきだと思います。読者のみなさんにも考えて実践していただきたいと思います。

　次に私の実践している（または試み中の）寝たきりの人への援助方法を述べます。

1　車イスで過ごす時間を増やすこと

　反応がほとんどない人や，寝たきりといわれている人にも，より楽しいという感じを持って過ごしてもらいたいものです。入浴のときは，車イスで移動して特殊浴槽に入れる人が，食事時に寝たままで食べさせられることがあります。このような状態の人が1日中何をするのにもベッドにいる必要はないと思います。死期が近づいて深刻な状態の人以外は，日中は

なるべく車イスなどに移ってもらい、食堂などで食事をとってもらうようにしましょう。1日3回、食事の前後1～2時間ずつだけでもベッドから離れることで、身体が水平から垂直という重力に逆らった姿勢になるので、体力がつきます。そして褥瘡（じょくそう）＊ができにくくなります。そして寝ているときは天井か壁しか見えなかったのが、座位をとることで目から入る刺激が増えます。たったこれだけのことでも、変化に富んだ生活になります。

2　集団レクの中に一緒に参加してもらう

果たして、このような人々が楽しんでいるかどうかはわかりませんが、集団でレクをするときなど、車イスに乗ってもらい、会場のどこかにいてもらいましょう。ストレートな反応は望めませんが、少しでも快い時間を過ごしてもらうことを目的に参加してもらいましょう。個人的対応にはそれほど多く時間がとれませんので、少しでも快い時間を長くするために集団のレクの時間を利用しましょう。

3　わかっているつもりで話しかける

反応がない人や、寝たきりに近い人は、スタッフも最小限度しか対応をしません。よく食堂などで見かける光景ですが、痴呆のお年寄りの存在は無視し、食事介助しているスタッフ同士で話したり笑ったりしています。介護をするときにもなるべく「この人は反応はしないが、こちらのいうことがわかっている人」と思って接遇することが望ましい態度だと思います。例えば、「○○さん、おむつ替えましょうか」「あら、これでは気持ち悪かったですね」「さあ、今から車イスにお移ししますよ」「さあ、これは魚の白身ですよ」「これはイチゴですよ。いい香りでしょ」などです。

4　身体を刺激する

寝たきりの人の中には、自分で「ごそごそ」と手足を動かしている人もいますし、全く動かさない人もいます。「ごそごそ」している人は拘縮が起こりにくいのですが、自分で動かない人は手や足の拘縮が起こります。このような人は手先や足先まで血液が回りにくくなり、触ると手や足が冷たいのです。そこで、寝たきりに近い人へのレク援助の1つは、身体をこすることでしょう。手や足をマッサージします。握ったままになっている手の指を拡げたり、冷たくなった足先を温かくなるように擦りましょう。そのときも絶えず話しかけながら行ってください。

反応がない人にも、わかっているつもりで対応することが必要

5　音楽を聴いてもらう

　反応がない人でもだれでも，何もしないで1日中過ごすのは退屈だと思います。そう考えて，反応がない人がベッドにいる時間には音楽を聴いて過ごしてもらっています。曲目は，幼い頃から聞き慣れた『赤とんぼ』『村祭り』『おぼろ月夜』などの童謡で，こういう懐かしい曲ならこの人の心の奥まで届くかなと考えています。しかし，個人の職業や生育歴から「クラシックが好きだった」「バロック音楽が何より」「ジャズマンだった」「特別好みがないので民謡や童謡で」など，その人の特に思い出深いものがあったら，それらを選ぶのがよいと思います。

6　嗅覚を刺激する

　私たちも，例えば，焚き火の煙の匂いがしてきたときなど，「ああ，この匂いは何か懐かしい匂いだぞ」と感じることがあります。また，花の匂いなどでも「なんて素晴らしい匂いなんだろう」と感じることがあります。煙は懐かしい匂いといえるかもしれません。花の匂いなどは，平和な安らかな感情を呼び起こす匂いといえましょう。

　最近はハーブなどが流行し，容易に様々な香りが手に入ります。私は時々，この商品になっている香りを，寝たきりの人の居室で焚いてみることがあります。ヨーロッパなどでは重度の障害児にアロマテラピー*を実施し，その香りで緊張を解くということも行われているそうです。私たちも，もっと香りや匂いを利用して，平和な雰囲気，安らかな雰囲気を作りだすなどの試みをしてみたらよいなと思います。

ここちよい香りに包まれていると安らかな気持ちになることもあります

Ⅳ 寝たきりの人へのレク援助

● 語句の説明

＊ナーシングホーム

　老化や心身の障害等により，看護や介護を必要とする高齢者に医療と介護を提供する。日本でいえば，特別養護老人ホームといわれているが，実際はそうではなく，ターミナル（終末期）の，一番自立度が低い高齢者の施設である。

＊ダイバーショナルセラピスト

　ダイバーション（DIVERSION）とは「気晴らし，娯楽」の意味。ダイバーショナルセラピストとは，オーストラリアなどで使われている名称で，従来のレクリエーションセラピストを発展させたような職。しかし担当するのはレクリエーションの領域のみならず，より広く，楽しい毎日が送れるよう，生活全般をマネージメントする専門職。現在大学や専門学校でもこのセラピストを養成するコースが作られている。ナーシングホームやホステル[*]などの老人の施設に配置されているが，新しくできた職なのでまだ全ての施設に配置されていない。

＊褥瘡（じょくそう）

　長い間寝ていることにより，骨ばった部分に継続的な圧迫が加わり，血液の循環が悪くなり，組織が壊死すること。できやすい部位は，おしりの仙骨（腰骨と尾骨との間の骨）部分，腰，背中，肩，かかとなどである。

＊ホステル

　オーストラリアの老人施設の1つ。介護が必要な人の入る老人ホーム。ナーシングホームが最重度の介護が必要な人または終末期の人が入るのに対して，ホステルの方が自立度は高い。

＊ウォーターチェア

　水が入っているマットレスが用いられているベッドをウォーターベッドというが，これと同様のマットで作られているイス。少しの動作でも圧力のかかる部分が変わり，また圧力が分散するため，一部分が長時間圧迫されることがない。

＊アロマテラピー

　アロマテラピーとは，香りによる治療のこと。植物から抽出した精油（エッセンシャルオイル）の香りを使い，心や体の不調を整える治療。鼻から入った香りは，自律神経・ホルモン・免疫などを調節している脳下垂体に届き，そこを刺激して，弱った心身の自己回復力を高めるといわれている。

〈参考文献〉

小坂憲司著『痴呆はここまで治る』主婦と生活社，1998年5月。
中央法規出版編集部『改訂介護福祉用語辞典』中央法規出版，1995年10月。
長谷川和夫監修『痴呆 予防と介護』PHP研究所，1997年9月。
日本放送協会『NHK今日の健康』1999年5月号。
金子満雄著『老人性痴呆の正しい知識』南江堂，1989年。
金子満雄著『浜松方式でボケは防げる治せる』講談社，1995年。
金子満雄著『ボケる脳の謎がとけた！』NHK出版，1998年。
金子満雄著『ボケてたまるか！痴呆は自分で防ぐ，家族で治す』海竜社，1999年。
キャロル　A．ピーターソン他著，谷　紀子他訳『障害者・高齢者のレクリエーション活動』学苑社，1996年。
高田明和著『ボケない脳のつくり方』光文社，1997年。
田中耕太郎他編『老年学入門』日本評論社，1997年。
㈶日本レクリエーション協会著『福祉レクリエーションの援助』中央法規出版，1996年。
㈶日本レクリエーション協会著『福祉レクリエーションの展開』中央法規出版，1996年。
竹内孝仁著『医療は生活に出会えるか』医歯薬出版株式会社，1995年。
竹内孝仁著『遊びリテーション』医学書院，1989年。
矢部久美子著『回想法』河出書房新社，1998年。
野村豊子著『回想法とライフレビュー』中央法規出版，1998年。
田中和代「痴呆の重い人へのレクリエーション―自己実現を援助する」月刊『ゆたかなくらし』1998年1月号。
田中和代「歌やゲームを嫌がる高齢者には回想法を―痴呆のある人も幸せに浸れる」『高齢者ケア』vol. 2-2，1998年。
田中和代「高齢者レクリエーションの回想法のあり方」『nurse date』vol. 19-3，1998年。

あとがき

　今まで，いくつかの施設や病院で痴呆のお年寄りへのレク援助を実践してきました。あるときしばらくの間，介護の仕事を手伝わせてもらう機会を得ました。それをきっかけに，痴呆のお年寄りの1人1人をより深く理解できるようになってきたのです。

　ほとんど寝たきりで，自分では寝返りくらいしかできず，痴呆で知的な面はまったくといって見られないKさん。レクのイベントにはほとんど顔を見せたことはありませんでした。介護の仕事の中で初めて見かけた人です。Kさんは自分で話をすることも，呼びかけることもできないので，周りが働きかけなければ1日中天井を眺めて暮らさなければなりません。もし私が同じような状態なら，車イスに乗せてもらい，みんなのいる食堂やホールに居させてもらいたいなと感じたのです。

　また不安が強く，子どものようにわがままをいったり，どこでも排尿をしてしまうHさん。面会に来た息子への話し方を見ていると，まるで現役の母親のような口のきき方をするのを見てしまいました。レクのときはまるで子どものような面しか見えなかったのですが，残された現役時代の一面を知ることができました。

　そして，レクの担当者（つまり私）が訪れない日，多くの入所者が食事，入浴以外は1日中ボーッと何事もなく過ごしているだけということもわかってきました。

　このようなことは，1週間に2時間だけとか，短い時間だけの訪問のときには見えなかったことです。が，この人たちは何をしたいのかが，生活の一端に関わることで見えてきたのです。今まで重度の痴呆でレクに参加していない人の中に，多くのレク援助のニーズを見たのです。

　「自分だったらしてほしいことは何だろう」と考えた援助で，お年寄りたちは今までにはなくうれしそうな顔をしてくれました。同時に，今まで私たちレクリエーション担当のスタッフは，入所者の生活を見ない援助をしてきたのだという反省をしました。施設や老人病院で，ニーズにあった援助をすることにより，痴呆のお年寄りはもっと幸せなときを過ごすことができるでしょう。そんな願いを込めてこの本を書いてみました。

　まず，痴呆のお年寄りのみなさんに感謝をいたします。私に快く実践の場を与えてくださった施設長や病院長，そして一緒に働いていたスタッフのみなさんも，ありがとうございます。

　この本を執筆するに当たり，助言をしてくださったふくいリポートの木村宣子さん，専門的な立場からの示唆をくださった福井県立病院作業療法士の新木一郎さん，中部学院大学の小林明子さんに感謝をします。

　2000年1月

田　中　和　代

著者紹介

田中和代

静岡県静岡市生まれ。東京女子体育大学卒業，福井大学大学院修了。現在，福井医療技術専門学校(リハビリ科，看護科)，福井看護学校，福井准看護学校，武生看護学校，福井歯科専門学校等の講師（保健体育，レクリエーション，社会学）を勤める。日本社会福祉学会正会員。

(財)日本レクリエーション協会レク公認資格（レクリエーションコーディネーター，福祉レクリエーションワーカー）を持ち，保健所，高齢者福祉施設，病院，精神病院，障害児（者）施設等で介護やレクリエーション援助活動を続けている。

著書に，『痴呆のお年寄りの音楽療法・回想法・レク・体操』『誰でもできる回想法の実践』『ゲーム感覚で学ぼう，コミュニケーションスキル』『子どももお年寄りも楽しめるホワイトボード・シアター桃太郎』（黎明書房）がある。

＜連絡先＞
〒 910-0062　福井市灯明寺町 1-48-6
TEL　0776-25-3595
E-mail　sirayuki@d8.dion.ne.jp

重度痴呆のお年寄りのレクリエーション援助

2000年4月25日　初版発行
2006年3月10日　13刷発行

著　者	田　中　和　代
発行者	武　馬　久仁裕
印　刷	株式会社　太洋社
製　本	株式会社　太洋社

発　行　所　　　　株式会社　黎明書房

460-0002　名古屋市中区丸の内 3-6-27　EBS ビル　☎ 052-962-3045
　　　　　　FAX 052-951-9065　　振替・00880-1-59001
101-0051　東京連絡所・千代田区神田神保町 1-32-2　南部ビル 302 号
　　　　　　　　　　　　　　　　　　　　　　　　☎ 03-3268-3470

落丁本・乱丁本はお取替します　　　　　　　　　　ISBN4-654-07591-7
Ⓒ K. Tanaka 2000, Printed in Japan